DIREITO DE SEGURANÇA PÚBLICA

LIMITES JURÍDICOS PARA POLÍTICAS DE SEGURANÇA PÚBLICA

LINCOLN D'AQUINO FILOCRE

DIREITO DE SEGURANÇA PÚBLICA

LIMITES JURÍDICOS PARA POLÍTICAS DE SEGURANÇA PÚBLICA

ALMEDINA

DIREITO DE SEGURANÇA PÚBLICA

LIMITES JURÍDICOS PARA POLÍTICAS DE SEGURANÇA PÚBLICA

AUTOR
LINCOLN D'AQUINO FILOCRE

EDITOR
EDIÇÕES ALMEDINA, SA
Av. Fernão Magalhães, n.º 584, 5.º Andar
3000-174 Coimbra
Tel.: 239 851 904
Fax: 239 851 901
www.almedina.net
editora@almedina.net

PRÉ-IMPRESSÃO – IMPRESSÃO – ACABAMENTO
Edições Loyola
Rua 1822 nº 341
04216-000 – São Paulo – SP

Abril, 2010

Biblioteca Nacional de Portugal – Catalogação na Publicação

FILOCRE, Lincoln D'Aquino

Direito de segurança pública : Limites jurídicos para políticas
de segurança pública.
(Monografias)
ISBN 978-972-40-4081-3
CDU 351

Ao Cláudio, meu irmão

INTRODUÇÃO

Nova York, 11 de setembro de 2001, Madrid, 11 de março de 2004, Londres, 7 de julho de 2005. Locais e datas de atentados terroristas em países industrializados com índices de criminalidade entre os mais baixos do mundo.

América Latina, Caribe, África Subsaariana. Regiões que reúnem países com baixos índices de desenvolvimento humano e altos índices de homicídios.

Os atos criminosos do primeiro grupo são caracterizados pela violência e impacto, refletindo medo e insegurança na sociedade. A violência observada no segundo, cujo efeito é amortecido e banalizado pela rotina, gera semelhantes resultados. São dimensões distintas de um mesmo fenômeno – a falta de segurança – que limita a liberdade dos indivíduos e tende, se não ao crescimento[1], à transformação na medida em que surgem novas formas de delinquência.

A insegurança social revela, num ou no outro caso, fragilidades e o despreparo dos Estados, cada qual no seu contexto, para a contenção da criminalidade, em especial da criminalidade violenta. A questão é

---

[1] Adorno, Sérgio; Lamin, Cristiane. Medo, violência e insegurança. In: Lima, Renato Sérgio; Paula, Liana. **Segurança pública e violência**: o estado está cumprindo seu papel? São Paulo: Editora Contexto, 2006. p. 152-171.

Na p. 160: "Chesnais observa que 'nossa sociedade nunca foi tão vigiada, fiscalizada e policiada como no fim do século XX'. Ilustra essa observação com dados estatísticos segundo os quais a violência existente no século XX é, no mínimo, duas vezes menor que a violência ocorrida no século anterior. Como exemplo, cita a França, país no qual em 1980 a mortalidade violenta foi quatro vezes menor que na França de 1830; na Itália, cinco vezes menor que ao final do século XIX; na Inglaterra e na Alemanha, duas vezes menor. No mais, observa ainda que a violência existente nestes países, exceto no EUA, é, na sua quase totalidade, não criminal, e sim acidental ou suicidária. O que há, segundo ele, é uma mitologia da violência."

complexa porque a solução não está no mero incremento da atuação estatal em resposta aos números da criminalidade, sob pena de comprometimento da segurança jurídica em face do poder. É preciso que o Estado tenha atuação incisiva, restando precisar *quando*, *como* e *em que medida* agir.

Não há dúvidas de que essa atuação incisiva se dá no exercício da *segurança pública* que, seja nos países industrializados, seja naqueles não industrializados ou em industrialização, deve ser conceitualmente uma só e estar pautada na garantia de liberdade.

Segurança pública, embora com variações de ângulos doutrinários, tem quase o consenso de ser concebida genericamente como *manutenção da ordem pública*. Ocorre que, a depender do que se entenda por *ordem pública*, e de como se operacionaliza a sua *manutenção*, o exercício da segurança pública é frustrante, especialmente nos países do segundo grupo, vez que, mesmo quando *mantida a ordem pública*, os índices de criminalidade são ainda insistentemente altos, imperando a insegurança e a restrição à liberdade.

Certo é que não se tem concordância quanto ao que se entenda por *manutenção da ordem pública* eficiente.

A verdade é que *manutenção da ordem pública* significa, a um só tempo, muito e quase nada. Se por um lado representa a pretensão conceitual de garantia de liberdade aos indivíduos, por outro é expressão imprecisa, não sendo suficientemente clara e definida no âmbito da segurança pública.

A começar por *ordem pública*, esta recebe as mais diversas definições doutrinárias, de modo a ser um complicador de *segurança pública*, no que se pretenda quanto aos seus resultados, na medida em que acaba se convertendo na manutenção de algo que não se sabe exatamente o que é. Diante disso, concretamente o que se faz é segurança pública às cegas. Ora se quer a manutenção da *paz*, ora da *tranquilidade*, ora da *normalidade*, ora da *ordem jurídica*, quadro resultante, talvez, da disparidade de realidades dos países industrializados se comparadas aos dos países não industrializados, havendo prevalência doutrinária daquilo que é elaborado nos primeiros. Reivindica-se, pois, uma definição de *ordem pública* que seja adequada a pretensões indistintas de segurança pública.

Para demonstrar a complexidade da questão, consta deste livro um espectro extenso das mais diversas noções acerca de *ordem pública* com a finalidade de permitir ao leitor aprofundar o estudo a respeito e realizar comparações, seja para filiar-se a uma delas, seja para elaborar ele próprio a sua definição.

A seguir, o autor expõe a sua definição de *ordem pública*. Pretende-se que o exercício da segurança pública não tenha foco somente nos números, mas nas condições que determinam os números da criminalidade, de tal maneira que não apenas o conceito de segurança pública seja o mesmo, mas ainda que o exercício da segurança pública se dê por um único fundamento teórico, seja em que país for, sensível às condições reais de cada um.

Postula-se possibilitar ações cooperadas de controle da criminalidade entre os Estados na medida em que passam a utilizar uma mesma *linguagem* que viabiliza a construção de instrumentos antenados à crescente mobilidade das pessoas, bens e informações. Se não for assim, como esperar uma atuação conjugada – políticas de segurança pública compatíveis – sem que essa linguagem comum exista? Como efetivar ações conjuntas sem que se espere resultados impróprios à realidade de certo país? Como enfrentar a globalização e as novas formas de delinquência e terrorismo, ou como encarar o fortalecimento da segurança privada?

Uma vez estabelecida *ordem pública* como elemento primordial à segurança pública, são identificadas as ações estatais para a sua *manutenção*, dando-se esta em dupla perspectiva: política e executória. Somam-se aos costumeiros atos de execução as *políticas de segurança pública* como conjuntos de estratégias ou programas de manutenção da ordem pública, distinguindo-as das execuções dos atos de segurança pública.

Identificadas a ação política e a ação executória da segurança pública, nota-se que esta é afeita ao Direito Administrativo, ao passo que a política de segurança pública não é abrangida por ele, nem por qualquer outro ramo tradicional do direito. Vislumbra-se, então, uma estrutura dogmática e formal específica, e são expostos alguns elementos desse ramo do direito, talvez notados de forma mais evidente em países não industrializados ou em industrialização[2], fato que justifica o seu aparecimento tardio.

---

[2] LÉVY, René. A crise do sistema policial francês hoje: da inserção local aos riscos europeus. **Tempo Social: Revista de Sociologia da USP**. São Paulo, v. 9, n. 1, p. 53-77, mai. 1997, quando ele esclarece: "Faz-se necessária, inicialmente, uma observação no

Na sequência, é destacada a configuração teleológica e prática peculiar do Direito de Segurança Pública, inconfundível com aquelas próprias do Direito Administrativo ou dos outros ramos do direito de alguma forma vinculados à temática criminal, demandando uma classificação das políticas de segurança pública e a elaboração de um quadro lógico das atuações do Estado na segurança pública. Disso tudo, por sua indiscutível relevância nos países do primeiro e do segundo grupos, a identificação de princípios decorrentes do método específico do Direito de Segurança Pública naturalmente ocorrerá como resultado do amadurecimento da disciplina.

Enfim, o intuito deste livro é firmar as bases elementares do Direito de Segurança Pública como ferramenta jurídica adequada aos Estados na tarefa de proverem segurança pública.

---

sentido de apontar a diferença de amplitude que existe nos problemas relativos à insegurança e à polícia, na França e no Brasil. O pouco que conheço leva-me a pensar que os problemas franceses de que vou tratar são, na verdade, 'preocupação de ricos', quase pseudoproblemas, quando comparados à situação brasileira. Para fixar as idéias, creio que o mais simples é indicar o número de homicídios que se comentem na França anualmente: seguindo os modos de contagem e as fontes, estima-se que o número de homicídios voluntários ou não-intencionais encontra-se numa escala que varia entre 600 e 3.000. A comparação com os 5.000 homicídios registrados na cidade de São Paulo em 1995 dispensa comentários."

CAPÍTULO I
Segurança Pública

I.1 - Definição

Na sua origem, que é o latim, a palavra 'segurança' significa "sem preocupações". A sua etimologia sugere o sentido "ocupar-se de si mesmo" (*se* + *cura*).[3] 'Segurança' é o "ato ou efeito de segurar". 'Segurar', por sua vez, é "tornar seguro, firmar, fixar". 'Seguro' é o mesmo que "protegido, acautelado, garantido"; "isento de receio"; "que tem autoconfiança".[4] Portanto, segurança significa ato ou efeito de tornar livre do perigo, protegido, livre do risco. É a previsibilidade, a certeza do futuro. O risco, por sua vez, diminui a previsibilidade e retira a certeza do futuro. A segurança é a certeza de que o futuro ou repete o presente, ou sofre mudança desde que esta seja livremente consentida.

'Público' origina-se do latim *publicus*. Significa "relativo, pertencente ou destinado ao povo, à coletividade".[5] São várias as acepções de 'público': a primeira, referindo-se ao que é notório, patente, manifesto, visto ou sabido por todos; a segunda, diz respeito a algo vulgar, comum; a terceira, aplica-se a poder, jurisdição e autoridade para fazer alguma coisa, em contraposição a privado; a quarta, remete ao que pertença ao povo; e quinta, vincula-se a 'administração'.[6] Tais acepções conduzem

---

[3] MATOS, Luís Salgado. Segurança. In: **Dicionário de filosofia moral e política**. Lisboa: Universidade Nova de Lisboa. Disponível em: <http://www.ifl.pt/main/Portals/0/dic/seguranca.pdf>. Acesso em 13 jan. 2009.

[4] FERREIRA, Aurélio Buarque de Holanda. **Novo dicionário da língua portuguesa**. 1ª Ed. Rio de Janeiro: Nova Fronteira, 1975. 1499p. p. 1282.

[5] Ibid., p. 1156.

[6] CENZANO, José Carlos B. **El orden público como límite al ejercicio de los derechos y libertades**. Madrid: Centro de Estudios Políticos Y Constitucionales, 2002. p. 89.

'público' a dois sentidos: à referência a sociedade, seja ela tomada genericamente ou por algum setor específico, e à concepção de autoridade, de administração, de Estado.[7] À ideia de público se tem, portanto, por referência, a noção de interesse coletivo, de modo que, na junção dos significados, *segurança pública* é a ausência de risco correspondente ao interesse da sociedade, tomada esta não como a soma das individualidades, mas como um corpo, qual seja, a coletividade.

Para o Direito de Segurança Pública, importa a segurança pública no Estado. *Segurança pública* é 'manutenção da ordem pública', sob o ângulo da criminalidade, fórmula simples na aparência porque não revela a complexidade que há no conceito de *ordem pública*.[8] A bem da verdade, essa definição proporciona sérias dificuldades ao estudo da segurança pública à medida que se vá além da concepção extremamente vaga com que se contentam a opinião corrente e o vocabulário político, mas com que o direito não se satisfaz.

São pelo menos quatro as temáticas de estudo de *segurança pública*: *segurança pública* sob o ponto de vista dos órgãos estatais; como atividades ou o exercício de *segurança pública*; como direito e grau do sentimento individual e coletivo de segurança; e como estado ou situação de segurança no sentido de controle do poder público. Essas dimensões podem ser assim traduzidas: *segurança pública* são os órgãos responsáveis pela manutenção da ordem pública; *segurança pública* é o conjunto de atividades destinadas à manutenção da ordem pública; *segurança pública* é o direito à proteção estatal, conferindo a cada um e a todos os

---

[7] P. 90 de Cenzano, José Carlos B. **El orden público como límite al ejercicio de los derechos y libertades**. Madrid: Centro de Estudios Políticos Y Constitucionales, 2002. 455p.

[8] Lazzarini, Álvaro. A ordem constitucional de 1988 e a ordem pública. **Revista de Informação Legislativa**, Brasília, ano 29, n. 115, p. 275-294, jul./set. 1992.

Afirma o autor, p. 279, que "Se vaga é a noção de *ordem pública*, não menos é a de *segurança pública*."

No mesmo sentido, Cretella Júnior, José. (Coord.). **Direito administrativo da ordem pública**. 3 ed. Rio de Janeiro: Forense, 1998. 139p.: na p. 9, diz o autor que a noção ampla de *ordem pública* envolve outra polêmica noção, a de *segurança pública*, "e não ao contrário, como já se disse alhures". "Não é a *ordem pública* que está a integrar o vasto conceito de *segurança pública* – valor comunitário –, pois, como já sustentamos, o que ocorre é que a *segurança individual* e a *comunitária* situam-se dentro do contexto maior do que seja a *ordem pública*".

membros da sociedade a permanente sensação de segurança; *segurança pública* é a ausência de perturbação, a garantia da ordem. Qualquer que seja a abordagem eleita, trata-se de uma mesma *segurança pública* porque um mesmo conceito de *ordem pública* se faz presente.

Como órgãos, atividades, direito e sensação ou estado, há de comum nestes diferentes ângulos que *segurança pública* é o conjunto das ações preventivas e reativas, de natureza pública, que, em resposta ao fenômeno da criminalidade, volta-se ao alcance ou à manutenção da ordem pública e que tem como fim último proporcionar aos indivíduos, na convivência social, a fruição de relações pautadas no direito básico de liberdade, garantidas a *segurança jurídica* – proteção contra repressão autoritária do Estado – e a *segurança material* – proteção contra agressões de todo tipo. A liberdade está contemplada entre os direitos fundamentais e é tida como direito de defesa frente ao Estado e ao indivíduo infrator. As seguranças jurídica e material de liberdade implicam na obrigação do Estado e dos indivíduos deixarem de fazer algo que possa atentar contra a integridade física das pessoas, não privarem o indivíduo de sua liberdade, bem como não expropriarem, sem motivos, a propriedade privada. No entanto, a liberdade, ao mesmo tempo em que fixa limites ao Estado e aos indivíduos, confere ao Estado o papel de estabelecer mecanismos para que aqueles limites tendam a ser verdadeiramente respeitados – por ele próprio e pelos membros da sociedade.

Há ainda divisão doutrinária quanto ao que seria o objeto da *segurança pública*. Ora os autores se apegam à garantia da segurança dos indivíduos em face do poder como a aspiração dos homens à *segurança jurídica*, em oposição à tentação da arbitrariedade frequente entre os detentores do poder sob o discurso de proteção da sociedade contra a criminalidade a todo custo, ora aderem ao sentido do desejo de aspiração à *segurança material*, na forma de que os homens esperam que o Estado lhes proteja a vida e os bens.[9]

Rivero e Moutouh dizem que a segurança significa a proteção contra prisões arbitrárias e pode ser classificada entre as liberdades da pessoa física.[10] Afirmam-na como "a garantia da segurança jurídica do indivíduo

---

[9] Em face do terrorismo e da ascensão da criminalidade, a segurança material aparece hoje privilegiada, como ressaltam Rivero e Moutouh in: Rivero. Jean; Moutouh, Hugues. **Liberdades públicas**. São Paulo: Martins Fontes, 2006.680 p. P. 397.

[10] Rivero. Jean; Moutouh, Hugues. **Liberdades públicas**. São Paulo: Martins Fontes, 2006.680 p. P. 393.

em face do poder", de modo que ela proporciona ao homem "a dupla certeza de que nada tem a temer de nenhuma autoridade pública enquanto o exercício de suas liberdades, sejam elas quais foram, se mantém dentro dos limites da legalidade e que, se é suspeito de tê-lo transposto, expondo-se assim a uma sanção, ficará garantido contra qualquer repressão arbitrária. Portanto, a segurança constitui a proteção avançada de todas as liberdades: ela permite o exercício tranquilo delas".[11]

Rivero e Moutouh referem-se ainda a segurança material: "Se a segurança tivesse de contar apenas com os dois fatores antagonistas que são, de um lado, a tentação da arbitrariedade, frequente entre os detentores do poder, e, do outro, a aspiração dos homens à segurança jurídica, os problemas que apresentam já não seriam fáceis. Mas um terceiro fator os complica mais ainda: a aspiração à segurança jurídica em face do poder é acompanhada de uma aspiração à segurança material em face das agressões de todo tipo. Da sociedade, os homens esperam que ela lhes proteja a vida e os bens, e têm dificuldade em admitir as carências e os fracassos da autoridade nessa tarefa. Prontos a insurgir contra a arbitrariedade, também o são quando têm o sentimento de que sua segurança está comprometida, a denunciar as fraquezas da repressão, até mesmo a tentar proteger sozinhos com uma autodefesa que traz o risco de redundar na pior anarquia. Essa reação às vezes serve de argumento para os detentores do poder justificarem o agravamento, até mesmo a arbitrariedade, da repressão, em detrimento de uma autêntica segurança. *Os dados do problema, e o equilíbrio que os reflete, variam, pois, conforme a ameaça sentida mais agudamente num país em dado tempo ser aquela que a arbitrariedade da repressão organizada, ou aquela que nasce da delinquência, faz pesar sobre o indivíduo*".[12]

As ações estatais de segurança pública visando segurança jurídica e segurança material são de duas categorias: uma primeira, diz respeito ao desenvolvimento de *políticas de segurança pública*; e uma outra, composta de *atos de execução* daquelas políticas, entre as quais costumeiramente se destaca a ação policial, ao lado de outras condutas de segurança. Em ambas categorias de ações, o que se busca com a *segurança pública*

---

[11] Rivero. Jean; Moutouh, Hugues. **Liberdades públicas**. São Paulo: Martins Fontes, 2006.680 p. P. 393.

[12] Rivero. Jean; Moutouh, Hugues. **Liberdades públicas**. São Paulo: Martins Fontes, 2006.680 p. P. 394/395, destaque do original.

não é dar cabo à criminalidade ou a sua redução a todo custo. O que se postula, e a isso o Estado está obrigado, é estabilizar a criminalidade num nível compatível com a sociedade sob análise, de modo que a criminalidade ocorra, mas em padrão condizente com a realidade da sociedade. Qualquer que seja esse padrão, deve o Estado preservar o respeito à defesa e à garantia dos direitos e liberdades individuais e coletivos, de modo que a sociedade desempenhe normalmente as suas funções, que vão além da mera sobrevivência de seus membros.

Não ter uma política de segurança pública declarada e definida é, por si só, uma escolha política. É uma opção do Estado que se expõe ao risco de não ter mecanismos de controle da criminalidade ou, tendo-os, não saber acioná-los nos momentos adequados ou na dosagem certa para a manutenção da ordem pública. Consequentemente, menos garantidas estão a *segurança jurídica* e a *segurança material* da sociedade sem política de segurança pública.

O significado de *segurança pública* varia na doutrina. Alguns autores dão definições apegadas a um *sentido descritivo*, enquanto outros destacam um *sentido normativo*. Outros ainda se valem de elementos dos dois sentidos sem que, nem sempre, alcancem definições precisas. Os que aderem ao *sentido descritivo* tomam a *segurança pública* como uma situação de fato, pelo que destacam as instituições, os agentes de maneira geral envolvidos e as suas ações.

No *sentido normativo* estão aqueles que buscam o entendimento de *segurança pública* partindo de princípios, normas e valores.

Colocando-se entre aqueles que destacam a diferenciação dos sentidos *normativo* e *descritivo*, SILVA ressalta que, "antes de tudo, cumpre distinguir entre segurança pública como setor da administração, e segurança pública como corpus de conhecimento. No primeiro caso, refere-se ao conjunto de instituições e órgãos, instalações, meios humanos e materiais, à normatividade penal e administrativa a ela relacionada, e as ações desenvolvidas com o propósito de obtê-la. No segundo caso, segurança pública refere-se ao conjunto de conhecimentos relativos a essa atividade, seja como resultado da crítica permanente de suas próprias práticas, seja pela incorporação de conhecimentos hauridos de estudos e pesquisas, comparados ou não, de diferentes disciplinas".[13]

---

[13] P. 39 de SILVA, Jorge da. **Segurança pública e polícia**: criminologia crítica aplicada. Rio de Janeiro: Forense, 2003, 222p. Obra citada na p. 101 de NOGUEIRA JÚNIOR,

ALFONSO adjetiva de pública "a la seguridad, para traducir precisamente el compromiso social, colectivo, comunitario, supreindividual, es decir, efetivamente público y de todos, de este valor rigurosamente convivencial".[14] O autor entende que "por seguridad ciudadana o pública, la relativa al orden jurídica vigente, es decir, al Estado en su conjunto y, por tanto, sus instituciones y el funcionamiento de las mismas, así como a los derechos y los bienes de los sujetos ordinarios o privados (tales como la vida, la salud, la libertad, el patrimonio, etcétera)".[15]

Neste sentido, a segurança pública pode ser entendida como uma garantia; um estado; uma função; uma garantia de situação; um dever, direito e responsabilidade; um direito fundamental; uma liberdade pública, nas palavras de NOGUEIRA JÚNIOR.[16]

Exemplo claro de percepção do *sentido descritivo* de segurança pública é o adotado por MORAES para quem "falar em Segurança Pública é falar de polícia, e vice-versa, pois os órgãos policiais – estatais por excelência – são instrumentos indispensáveis de que se servem as Administrações (federais, estaduais e municipais), em todo o mundo, para realizar a nobre tarefa de manter a ordem, fazer cumprir a lei e garantir a tranqüilidade no ambiente social".[17]

Para CUDOLÀ, "la seguridad pública es una actividad dirigida a la protección de personas y bienes. Ahora bien, lo que singulariza a esta actividad respecto a otras reside en el hecho de que la protección tiene como finalidad aún más específica la de evitar graves riesgos potenciales de alteración del orden ciudadano e de la tranquilidad pública. Para evitar dichos riesgos se habilita la realización de una serie de medidas que

Alberto. **Segurança nacional, pública, nuclear e o direito à informação**. Rio de Janeiro: Univercidade Ed., 2006. 238p. SILVA entende que "...a segurança pública é um bem difuso e indivisível, diferentemente da segurança privada, que lida com bens especificáveis, divisíveis e individualizáveis", obra citada p. 222.

[14] ALFONSO, Luciano P.; DROMI, Roberto. **Seguridad pública y derecho administrativo**. Madrid: Marcial Pons, 2001. 410 p. P. 9/10.

[15] P. 58/59 de ALFONSO, Luciano P.; DROMI, Roberto. **Seguridad pública y derecho administrativo**. Madrid: Marcial Pons, 2001. 410 p.

[16] NOGUEIRA JÚNIOR, Alberto. **Segurança nacional, pública, nuclear e o direito à informação**. Rio de Janeiro: Univercidade Ed., 2006. 238p. P. 94.

[17] MORAES, Bismael B. Uma introdução à segurança pública e à polícia brasileira na atualidade. In: ___. **Segurança pública e direitos individuais**. São Paulo: Editora Juarez de Oliveira, 2000. p. 1-22. P.2.

inciden en el ámbito de derechos e libertades de los ciudadanos y que permite incluso el uso de la fuerza por parte de las furerzas e cuerpos de seguridad. Por tanto, la prevención de estos riesgos delimita em ámbito de actuación de la seguridad pública, constituyendo el presupuesto que habilita la adopción de medidas y al mismo tiempo un límite a su ejercicio. El factor riesgo como presupuesto habiliotante de la seguridad supone una situación extraordinaria que justifica la intervención. Ahora bien esta situación en que pueden utilizarse medios extraordinarios no hay que confundirla con una situación excepcional sino que pueden perfectamente producirse con habitualidad".[18]

Valendo-se de 'ordem pública', tomada em oposição a um estado de desordem, diz LAZZARINI que "segurança pública é a garantia da ordem pública, aqui distinguida da incolumidade das pessoas e do patrimônio. Já a ordem pública neste passo, é a ausência de desordem, a paz, de que resultam a incolumidade da pessoa e do patrimônio".[19] O autor esclarece que a sua colocação do que seja segurança pública está adstrita ao estado antidelitual resultante da observância dos preceitos tutelados pelos códigos penais e ações policiais preventivas e repressivas. Dizendo-se fiel especialmente às lições de PAUL BERNARD, entende o autor "ser a *segurança pública* um aspecto da *ordem pública*, ao lado da *tranquilidade* e da *salubridade públicas*."[20]

---

[18] P. 49 de CUDOLÀ, Vicenç Aguado. **Derecho de la seguridad pública y privada**. Cizur Menor: Aranzadi, 2007. 233p.

[19] LAZZARINI, Álvaro. Segurança nacional e segurança pública na Constituição de 1988. **Revista de Direito Administrativo**. São Paulo, v. 213, p. 14. Obra citada na p. 94 de NOGUEIRA JÚNIOR, Alberto. **Segurança nacional, pública, nuclear e o direito à informação**. Rio de Janeiro: Univercidade Ed., 2006. 238p.

[20] P. 279 de LAZZARINI, Álvaro. A ordem constitucional de 1988 e a ordem pública. **Revista de Informação Legislativa**, Brasília, ano 29, n. 115, p. 275-294, jul./set. 1992.

Ainda na p. 279, o autor esclarece: "A *ordem pública*, portanto, é efeito da causa *segurança pública*, como também, acrescentamos, é efeito da causa tranquilidade pública ou, ainda, é efeito da causa salubridade pública. Cada um desses aspectos que Louis Rolland afirmou serem aspectos da *ordem pública* e teve o apoio incondicional de Paul Bernard, cada um deles é, por si só, a causa do efeito ordem pública, cada um deles tem por *objeto* assegurar a *ordem pública*."

Na p. 279/278: "O nosso entendimento do que seja *segurança pública* é ser ela o estado antidelitual, que resulta da observância dos preceitos tutelados pelos códigos penais comuns e pela lei das contravenções penais, com ações de polícia repressiva ou preventiva típicas (o autor faz referência a PESSOA, Mário. *O Direito da Segurança*

Diniz destaca que segurança pública é "dever do Estado, direito e responsabilidade de todos, que é exercido para a preservação da ordem pública e da incolumidade das pessoas e do patrimônio, por meio da polícia federal, polícia ferroviária federal, polícias civis, polícias militares e corpos de bombeiros militares".[21]

Moreira Neto define segurança pública como "o conjunto de processos políticos e jurídicos, destinados a garantir a ordem pública na convivência de homens em sociedade"[22] e dá o seu significado nos *sentidos descritivo e normativo*: "No *sentido material*, ou descritivo, a ordem pública é uma *situação de fato*, ocorrente numa sociedade, resultante da disposição harmônica dos elementos que nela interagem, de modo a permitir-lhe um funcionamento regular e estável, assecuratório da liberdade de cada um".[23] "No *sentido formal*, ou normativo, a ordem pública é um conjunto de valores, de princípios e de normas que se pretende *devam* ser observados numa sociedade, impondo uma disposição ideal dos elementos que nela interagem, de modo a permitir-lhe um funcionamento regular e estável, assecuratório de cada um".[24] O autor destaca a segurança como um conceito relativo na medida em que nada é absolutamente garantido visto que nem todos os riscos são previsíveis. "De qualquer forma, diz Moreira Neto, o sentido da segurança que tem sido desenvolvido muito nos últimos anos, tanto nas relações internas das

---

Nacional, Biblioteca do exército e Revista dos Tribunais/Editores, 1971, São Paulo, pp. 7 e ss.) afastando-se, assim, por meio de organizações próprias, de todo perigo, ou de todo mal que possa afetar a *ordem pública*, em prejuízo da vida, da liberdade ou dos direitos de propriedade das pessoas, limitando as liberdades individuais, estabelecendo que a liberdade de cada pessoa, mesmo em fazer aquilo que a lei não lhe veda, não pode ir além da liberdade assegurada aos demais, ofendendo-a."

[21] Diniz, Maria Helena. **Dicionário Jurídico**. São Paulo: Saraiva, 1998. v. 2, 3, 4, p. 280. Obra citada na p. 95 de Nogueira Júnior, Alberto. **Segurança nacional, pública, nuclear e o direito à informação**. Rio de Janeiro: Univercidade Ed., 2006. 238p.

[22] Moreira Neto, Diogo de Figueiredo. Revisão doutrinária dos conceitos de ordem pública e segurança pública. **Revista de Informação Legislativa**, Brasília, a. 25, n. 97, p. 133-154, jan./mar. 1988. P. 152.

[23] Moreira Neto, Diogo de Figueiredo. Revisão doutrinária dos conceitos de ordem pública e segurança pública. **Revista de Informação Legislativa**, Brasília, a. 25, n. 97, p. 133-154, jan./mar. 1988. P. 143.

[24] Moreira Neto, Diogo de Figueiredo. Revisão doutrinária dos conceitos de ordem pública e segurança pública. **Revista de Informação Legislativa**, Brasília, a. 25, n. 97, p. 133-154, jan./mar. 1988. P. 143.

nações quanto nas relações internacionais, por autores de Política, de Estratégia e de Direito, é, basicamente, a garantia de preservação de valores".[25] Afirmar que "é dentro da amplitude da Segurança Interna que se insere a esfera menor, em que o valor de referência é a convivência pacífica e harmoniosa, aquele que exclui a violência e se obtém pela manutenção de uma satisfatória 'ordem da coisa pública': é, por isto, a *Segurança Pública*".[26]

Para MELO, de uma forma direta e simples, segurança pública pode ser definida como "a ausência de delitos em estado ideal, onde não há ocorrência de crimes ou contravenções".[27] Mas, no seu entendimento, valendo-se da cátedra de ROLLAND[28], a segurança pública "é apenas um aspecto ou um dos aspectos daquilo que se entende por ordem pública; a ordem pública, na verdade, constitui-se de três aspectos: a salubridade pública, a tranqüilidade pública e finalmente a Segurança Pública".[29]

SANTIN sintetiza aspectos *normativos e descritivos* ao afirmar que a segurança pública "é um regime permanente de proteção do cidadão em situação de estabilidade institucional, para a manutenção da ordem interna e a proteção do cidadão no interior do País, com intuito de uma convivência normal em sociedade e busca de harmonia social".[30]

Para FERREIRA, segurança pública "é o conjunto de serviços organizados pela administração pública para assegurar a ordem pública e garantir

---

[25] MOREIRA NETO, Diogo de Figueiredo. Direito administrativo da segurança pública. In: CRETELLA JÚNIOR, José (Coord.). **Direito administrativo da ordem pública**. 3ª ed. Rio de Janeiro: Forense, 1998. p. 65-86. P. 74.

[26] MOREIRA NETO, Diogo de Figueiredo. Direito administrativo da segurança pública. In: CRETELLA JÚNIOR, José (Coord.). **Direito administrativo da ordem pública**. 3ª ed. Rio de Janeiro: Forense, 1998. p. 65-86. P. 76

[27] MELO, Rui César. O papel da polícia militar na segurança pública e as garantias fundamentais do indivíduo. In: MORAES, Bismael B. **Segurança pública e direitos individuais**. São Paulo: Editora Juarez de Oliveira, 2000, p. 23-35. P. 24

[28] ROLLAND, Louis. **Précis de droit administratif**. 9ª ed., Paris: Librairie Dalloz, 1947, p. 399. Obra citada por CRETELLA JÚNIOR, José. (Coord.). **Direito administrativo da ordem pública**. 3 ed. Rio de Janeiro: Forense, 1998. p. 6.

[29] MELO, Rui César. O papel da polícia militar na segurança pública e as garantias fundamentais do indivíduo. In: MORAES, Bismael B. **Segurança pública e direitos individuais**. São Paulo: Editora Juarez de Oliveira, 2000, p. 23-35. P. 24

[30] SANTIN, Valter Foleto. **Controle judicial da segurança pública**: eficiência do serviço na prevenção e repressão ao crime. São Paulo: Ed. Revista dos Tribunais, 2004. 286p. P. 90.

a integridade física e moral das pessoas, mediante limitações impostas à atividade pessoal".[31]

Há quem, como José Afonso da Silva, identifique a segurança pública com manutenção da ordem pública destacando que "a doutrina italiana observa que a segurança pública é o ordenado e pacífico desenvolvimento da vida de uma comunidade nacional ou local e que seu conceito vem geralmente associado à noção de ordem pública, com dificuldade de distinguir conceitualmente os dois termos que não raro se empregam essencialmente como sinônimos".[32] Assim, complementa José Afonso da Silva, segurança pública "consiste numa situação de preservação ou estabelecimento dessa convivência social que permite que todos gozem de seus direitos e exerçam suas atividades sem perturbação de outrem, salvo nos limites de gozo e reivindicação de seus próprios direitos e a defesa de seus legítimos interesses. Na sua dinâmica, é uma atividade de vigilância, prevenção e repressão de condutas delituosas".[33]

No mesmo sentido é o posicionamento de Carvalho para quem "a segurança pública tem por objeto a manutenção da ordem pública"[34] e "tem em vista a convivência pacífica e harmoniosa da população, fundado-se em valores jurídicos e éticos, imprescindíveis à existência de uma

[31] Ferreira, Pinto. **Comentários à Constituição brasileira**. São Paulo: Saraiva, 1989 e 1992. 1, 4 e 5 v. Citado na obra Santos, Altamiro J. dos. **Direito de segurança pública e legítima defesa social**. São Paulo: LTr, 2006. 312p. na p. 97.

[32] Silva. José Afonso da. Segurança pública no Brasil e na Itália. **Arquivos da Polícia Civil**. São Paulo: Ed. Arte Gráfica, v. 44, p. 5.

Segundo José Afonso da Silva, "Na teoria jurídica a palavra 'segurança' assume o sentido de garantia, proteção, estabilidade de situação ou pessoa em vários campos, dependente do objetivo que a qualifica. 'Segurança jurídica' consiste na garantia de estabilidade e de certeza dos negócios jurídicos, de sorte que as pessoas saibam de antemão que, uma vez envolvidas em determinada relação jurídica, esta se mantém estável, mesmo se modificar a base legal sob a qual se estabeleceu. 'Segurança social' significa a previsão de vários meios que garantam aos indivíduos e suas famílias condições sociais dignas; tais meios revelam basicamente como conjunto de direitos sociais.A Constituição, nesse sentido, preferiu o espanholismo seguridade social. 'Segurança nacional' refere-se às condições básicas de defesa do Estado".

[33] Silva. José Afonso da. Segurança pública no Brasil e na Itália. **Arquivos da Polícia Civil**. São Paulo: Ed. Arte Gráfica, v. 44, p. 5.

[34] Carvalho, Kildare Carvalho. **Direito constitucional**: teoria do estado e da constituição. Belo Horizonte: Del Rey, 2004. 812p. P. 703.

comunidade, distinguindo-se, neste passo, da segurança nacional, que se refere mais à segurança do Estado".[35]

Não se afastando da 'ordem pública' também CRETELLA JÚNIOR: "quanto ao Estado, segurança quer dizer 'paz', 'estabilidade da estrutura das instituições'; quanto ao indivíduo, segurança quer dizer 'tranqüilidade física e psíquica', condições garantidoras de circunstâncias que possibilitam o trabalho, afastada a *vis inquietativa*".[36] Para o autor, não pode restar dúvidas de que "toda matéria que diga respeito à *Segurança Pública* refere-se à *Ordem Pública* que, por ser mais abrangente, nem sempre diz respeito àquela, como estado antidelitual, que resulta da observância dos preceitos tutelados pelos códigos penais comuns e pela lei das contravenções penais, ou seja, pela legislação penal comum".[37]

Para PESSOA, "a *Segurança Pública* é o estado antidelitual que resulta da observância dos preceitos tutelados pelos códigos penais comuns e pela lei das contravenções. As ações que promovem a *Segurança Pública* são ações policiais repressivas ou preventivas típicas. As mais comuns são as que reprimem os crimes contra a vida e a propriedade. Todavia, a *Segurança Pública* pode resultar da simples ausência, mesmo temporária, dos delitos e contravenções. Assim, o próprio conceito de *Segurança Pública* não prescinde daqueles ilícitos, presentes ou prováveis como fatores antes de essência psicológica que material. A *Segurança Pública* ideal seria aquela em que os ilícitos houvessem desaparecido. Pelo visto a *Segurança Pública* é flutuante ou instável, resultado dos numerosos fatores que podem afetá-la".[38]

Já DE PLÁCIDO E SILVA diz ser "*Segurança Pública* o afastamento, por meio de organizações próprias, de todo perigo, ou de todo mal, que possa afetar a *ordem pública*, em prejuízo da vida, da liberdade, ou dos direitos de propriedade do cidadão. A *segurança pública*, assim, limita as liberdades individuais, estabelecendo que a liberdade de cada cidadão, mesmo

[35] CARVALHO, Kildare Carvalho. **Direito constitucional**: teoria do estado e da constituição. Belo Horizonte: Del Rey, 2004. 812p. P. 703.

[36] CRETELLA JÚNIOR, José. Comentários à Constituição brasileira de 1988. 2.ed. Rio de Janeiro: Forense Universitária, 1988. v.6, p. 3408-3426. P. 3410.

[37] CRETELLA JÚNIOR, José. (Coord.). **Direito administrativo da ordem pública**. 3 ed. Rio de Janeiro: Forense, 1998. 139p. P. 10.

[38] PESSOA, Mário. **O direito da segurança nacional**. São Pelo: Biblioteca do Exército e Revista dos Tribunais, 1971, p. 7 e segs.

em fazer aquilo que a lei não lhe veda, não pode ir além da liberdade assegurada aos demais, ofendendo-a".[39]

Para CENEVIVA, "O conceito de segurança diz com a estrutura do Estado. Quando a nação é frágil, quando a sua organização para preservar a comunidade é ineficaz, quando o indivíduo não tem proteção suficiente contra o mesmo Estado, a segurança se enfraquece. Quando tais fatos ocorrem, o conjunto de todas as pessoas submetidas ao mesmo ordenamento jurídico fica em perigo".[40]

DANTAS entende que o Estado tem como objetivo fundamental "a manutenção de uma ordem que deve retratar os valores e ideais da sociedade, e que se expressa através da idéia de Direito que, embora sendo algo permanente, profundamente ligada ao próprio Homem, é variável, em sua visão positivada, de época para época, de sociedade para sociedade". Neste contexto, a noção de segurança pública pode, de um lado, ser tomada como "dever do Estado (que se manifesta através do Poder Público) e, de outro, como direito e responsabilidade de todos". "Em outras palavras, a ordem que se estabelece tendo seu amparo no que se afirmou acima, deverá, a todo custo ser mantida, pela ação positiva, ou às vezes negativa, tanto do Poder, quanto daqueles que se mantenham sob o seu exercício. Ninguém, quando se trata de segurança pública, poderá ser mero espectador, muito embora, haja uma relação de intensidade na participação de cada uma das partes, e por isto a Constituição [do Brasil] lança mão dos vocábulos *dever* (quando se refere ao Estado) e *direito* e responsabilidade de todos, quando se refere, evidentemente, às pessoas, sejam elas naturais ou jurídicas".[41]

CÂMARA localiza a segurança pública entre as vertentes da defesa social: "defesa social é o conjunto de mecanismos coletivos, públicos e privados, para a preservação da paz social. A defesa é do Estado e das garantias constitucionais, simultaneamente, e ocorre em três vertentes: a) garantia dos direitos individuais e coletivos; b) segurança pública, e c) enfrentamento de calamidades. A segurança pública se torna, pois,

---

[39] DE PLÁCIDO E SILVA. **Vocabulário jurídico**. Rio de Janeiro: Forense, 1963. vol. IV, p. 1.417.

[40] CENEVIVA, Walter. **Direito constitucional brasileiro**. São Paulo: Ed. Saraiva, 1989, p. 232.

[41] DANTAS, Ivo. **Da defesa do estado e das instituições democráticas na nova Constituição**. Rio de Janeiro: Aide Ed., 1989. 176p. P. 146.

apenas parte de um todo maior, que compõe em si, também, a tutela jurisdicional, a exposição das pessoas ao perigo e a defesa do estado. Dessa forma, justiça e segurança se completam, mas entre elas se localiza uma área que é a dos riscos coletivos. Essa área envolve a autodefesa das comunidades – tanto para calamidades como para atividades tradicionalmente enquadradas em segurança, como o trânsito e os órgãos periciais. A finalidade deixa de ser a singela defesa do Estado para ser a paz".[42] E conclui: "segurança pública é uma atividade. Desenvolvida pelo Estado, destina-se a empreender ações e oferecer estímulos positivos para que os cidadãos possam conviver, trabalhar, produzir e usufruir o lazer. As instituições responsáveis por essa atividade atuam no sentido de inibir, neutralizar ou reprimir a prática de atos anti-sociais, assegurando a proteção coletiva e, por extensão, dos bens e serviços públicos".[43]

---

[42] CÂMARA, Paulo Sette. Defesa social e segurança pública. In: LEAL, César Barros; PIEDADE JÚNIOR, Heitor (coord.). **A violência multifacetada**: estudos sobre a violência e a segurança pública. Belo Horizonte: Del Rey, 2003. p. 343-359. P. 344.

Para CÂMARA, "Defesa social tem um conceito bem mais amplo do que segurança pública. Um plano de ações voltadas para a defesa social será mais eficaz e melhor aceito pela população pelo chamamento e inclusão de outros setores no esforço da busca e preservação da paz social", P. 343.

[43] CÂMARA, Paulo Sette. Defesa social e segurança pública. In: LEAL, César Barros; PIEDADE JÚNIOR, Heitor (coord.). **A violência multifacetada**: estudos sobre a violência e a segurança pública. Belo Horizonte: Del Rey, 2003. p. 343-359. P. 350.

Em CÂMARA, Paulo Sette. **Reflexões sobre segurança pública**. Belém: Imprensa Oficial do Estado do Pará, 2002. 250p., o autor faz, na p. 25, a distinção entre segurança pública *objetiva* e segurança pública *subjetiva*: "É interessante como passa despercebida para todos nós a relação direta entre o ambiente e a segurança pública. Só temos olhos para a chamada segurança objetiva, representada pela presença ostensiva da polícia nas ruas ou na capacidade desta em dar pronta resposta quando acionada. É óbvio que sem essa atuação suasória não nos sentimos seguros, especialmente neste mundo de hoje onde a violência está em toda parte. Entretanto, há uma outra modalidade tão importante quanto aquela, que complementa sua atuação e que denominamos segurança subjetiva. As duas devem caminhar juntas para alcançar o desiderato da segurança pública.

Segurança é um estado de espírito, ou seja, é uma sensação influenciada por fatores externos. Um bom exemplo é a diferença entre caminhar numa rua limpa e bem iluminada e num beco escuro. O risco de ser atacado existe em ambos. A diferença está na probabilidade de que tal ocorra, transformando o risco em perigo. Por outro lado, contar com os serviços públicos eficazes (comunicação, saúde, transporte, educação, polícia etc.) inspira tranqüilidade à população. Essa sensação coletiva, que denominamos de segurança subjetiva, afeta a qualidade de vida de todos nós."

Já em Bengochea, "a segurança pública é um processo sistêmico e otimizado que envolve um conjunto de ações públicas e comunitárias, visando assegurar a proteção do indivíduo e da coletividade e a aplicação da justiça na punição, recuperação e tratamento dos que violam a lei, garantindo direitos e cidadania a todos. Um processo sistêmico porque envolve, num mesmo cenário, um conjunto de conhecimentos e ferramentas de competência dos poderes constituídos e ao alcance da comunidade organizada, interagindo e compartilhando visão, compromissos e objetivos comuns; e otimizado porque depende de decisões rápidas e de resultados imediatos".[44]

Como se vê, o entendimento acerca de segurança pública está longe de ser pacífico e varia de acordo com o foco escolhido. Nota-se, no entanto, que a noção de ordem pública, mesmo quando não afirmada expressamente, permeia as incursões sobre o tema, em diferentes proporções, sem, contudo, restar satisfatoriamente clara.

I.2 – Ordem Pública

Como será visto no item I.3 – Segurança e Ordem Públicas, *Ordem pública,* em Direito de Segurança Pública, é o *estado de estabilidade dinâmica* de uma sociedade, resultante de *mecanismos reguladores*, que confere o estabelecimento de *relações livres* a cada um dos indivíduos. *Estado de estabilidade* de uma sociedade diz respeito a situação de funcionamento em que a sociedade se conserva, sobrevive, autoconserva-se. *Estabilidade* não confundida com acomodação ou equilíbrio vez que este, em física, implica o desaparecimento total de qualquer capacidade de realização de trabalho. Sociedade estável não é uma sociedade em equilíbrio. Na verdade, a sociedade estável está a uma certa distância deste equilíbrio, oscilando no seu entorno, podendo-se afirmar em *equilíbrio dinâmico.*

Estabilidade ou equilíbrio dinâmico significam a capacidade da sociedade se *manter*, mas evoluindo, mudando de um estado para outro. Assim, uma sociedade em *estado de estabilidade* é uma sociedade que funciona com tendência a perpetuar-se, ajustando-se e adaptando-se, mantendo-se a si própria num estado *estável dinâmico.*

---

[44] Bengochea, Jorge Luiz Paz et al. A transição de uma polícia de controle para uma polícia cidadã. **São Paulo em Perspectiva**. v. 18, n. 1, 2004. Disponível em <http:// http:/ /www.seade.gov.br/produtos/spp/v18n01/v18n1_14.pdf>. Acesso: 7 jul. 2007. P. 120.

Quando uma sociedade está em *estado de estabilidade*, os seus membros relacionam-se com liberdade *possível*, não *absoluta*, podendo suas relações aprimorarem-se à medida que a sociedade evoluir. Relações absolutamente livres não são a finalidade da sociedade, notando-se nisso ao menos duas vantagens: a primeira, de que não se postula o impossível; e segundo, de que se afasta da matéria qualquer visão mecânica e determinista. Relações livres de acordo com o que a própria sociedade é e oferece, é que são o objetivo a ser alcançado, nada mais sendo que produto da estabilidade social definida de acordo com o contexto e o arranjo sistêmico de cada sociedade.

O Estado, por seus próprios órgãos, pela sociedade organizada ou através do particular, todos incluídos no 'sistema de segurança pública', opera *mecanismos reguladores* que mantém a sociedade em *estabilidade* e que corrigem o seu rumo quando diante de situações de afastamento do *equilíbrio dinâmico*, de forma tal que a sociedade tem capacidade de automanutenção, bem como de automudança. A *segurança pública* nada mais é que operação estatal de *mecanismos reguladores.* Um *mecanismo regulador* essencial da sociedade é a norma jurídica. E a norma jurídico-política por meio da qual se dá a manutenção e o alcance da *ordem pública*, ou seja, a manutenção e o alcance do *estado de estabilidade dinâmica da sociedade que confere aos indivíduos relações livres* é a norma jurídica da política de segurança pública, quando em sede de controle da criminalidade.

A doutrina, especialmente a originária do Direito Administrativo, não firma um conceito minimamente satisfatório de *ordem pública* quando em debate *segurança pública.* Para comprovar o que afirmo, dou a conhecer uma extensa – sabida e confessadamente cansativa –lista de posições sobre o tema. Rogo minhas desculpas ao leitor, mas justifico que o propósito disto é reforçar – de maneira a não restarem dúvidas – a insuficiência dos conceitos expostos. Por outro lado, não me eximo do desafio de, na sequência do trabalho, demonstrar a fragilidade dos conceitos noticiados, construir e defender um entendimento de *ordem pública* – já brevemente noticiado – umbilicalmente jungido ao conceito de *segurança pública*, mas reconhecidamente diferente do que até então a doutrina produziu.

Ainda que *ordem pública*, como situação, modelo real ou resultado da observação seja antiga e já encontrada em Roma, "confundida com o conceito de *mores*, os costumes do povo romano, e, no direito intermediário, vinha a ser os 'bons costumes' dos legistas e glosadores"[45], é certo que a sua conceituação definitivamente não é tranquila. EMILIO FERNÁNDEZ VÁSQUEZ, analisando o verbete *Orden público* concorda com WALINE e escreve que se trata de "noción sumamente vaga y amplia".[46] ALVARO LAZZARINI entende da mesma forma, afirmando "nada mais incerto em direito do que a noção de *ordem pública*, noção essa de grande importância, diga-se, para quem exerce atividade de *polícia de manutenção da ordem pública* ou pretenda conhecê-la".[47] Afirma que, tal como *segurança pública*, *ordem pública* encerra conceito jurídico indeterminado.[48] Diz que CRETELLA JÚNIOR tem o mesmo sentimento e acrescenta que "não se trata, apenas, da manutenção material da ordem na rua, mas também da manutenção de uma certa ordem moral"[49], o que tornaria a *ordem pública* mais fácil de ser entendida do que definida, mesmo porque, opina o autor, ela varia de entendimento no tempo e no espaço.[50] GIUSEPPE DE

---

[45] P. 143 de MOREIRA NETO, Diogo de Figueiredo. Revisão doutrinária dos conceitos de ordem pública e segurança pública. **Revista de Informação Legislativa**, Brasília, a. 25, n. 97, p. 133-154, jan./mar. 1988.

[46] Citado por DANTAS, Ivo. **Da defesa do estado e das instituições democráticas na nova Constituição**. Rio de Janeiro: Aide Ed., 1989. 176p. P. 47.

[47] P. 6 de CRETELLA JÚNIOR, José. (Coord.). **Direito administrativo da ordem pública**. 3 ed. Rio de Janeiro: Forense, 1998. 139p.

[48] P. 277 de LAZZARINI, Álvaro. A ordem constitucional de 1988 e a ordem pública. **Revista de Informação Legislativa**, Brasília, ano 29, n. 115, p. 275-294, jul./set. 1992.

Na p. 278: "A noção de *ordem pública* só pode ser nacional. Ela, reconhecidamente, é por demais incerta, porque varia no tempo e no espaço, de um para outro país e, até mesmo, em um determinado país de uma época para outra".

[49] P. 6 de CRETELLA JÚNIOR, José. (Coord.). **Direito administrativo da ordem pública**. 3 ed. Rio de Janeiro: Forense, 1998. 139p., fazendo referência a José Cretella Júnior (*Dicionário de Direito Administrativo*, 3 ed., verbete "Ordem Pública", 1978, Forense, p. 370; 4ª ed, 1996), e a Waline (*Droit Administratif*, 9ª ed., 1963, p. 642).

Na p. 278 de LAZZARINI, Álvaro. A ordem constitucional de 1988 e a ordem pública. **Revista de Informação Legislativa**, Brasília, ano 29, n. 115, p. 275-294, jul./set. 1992, diz CRETELLA que: "a *ordem pública* é constituída por um mínimo de condições essenciais a uma vida social conveniente, formando-lhe o fundamento à segurança dos bens e das pessoas, à salubridade e à tranqüilidade, revestindo, finalmente, aspectos econômicos (luta contra monopólios, açambarcamento e a carestia) e, ainda, estéticos (proteção de lugares e de monumentos)." Obra citada por Lazzarini: (CRETELLA JÚNIOR, José. *Dicionário de Direito Administrativo*, 3ª ed., 1978, Forense, verbete *Ordem Pública*, p. 370.).

[50] P. 8 de CRETELLA JÚNIOR, José. (Coord.). **Direito administrativo da ordem pública**. 3 ed. Rio de Janeiro: Forense, 1998. 139p.

VERGONTINI, estudando *ordine pubblico* afirma que "è concetto di non sempre pacifica definizione, comune a diversi settori del diritto".[51] Dando a dimensão do que isso significa, MIGUEL SEABRA FAGUNDES diz que "na terminologia jurídica a expressão *ordem pública* assume duas significações. Ora aparece como designativa de parâmetros basilares de comportamento social (no mais amplo sentido, isto é, com relação aos costumes morais, à estrutura e vida de família, à economia geral, etc.), ora diz com o clima de equilíbrio e paz indispensável à convivência coletiva do dia-a-dia".[52]

Conforme bem avaliado por CALIXTO, apoiado em PONTES DE MIRANDA, *ordem pública* "percorre todas as veias do organismo jurídico, manifestando-se em todos os institutos e a propósito de quase tudo", ao mesmo tempo em que "é caracterizada pela sua essencial plasticidade, conteúdo mutável, e ter de ser vaga, imprecisa, a noção geral", motivo pelo qual AMÍLCAR DE CASTRO afirmou ser "um problema dificílimo este de dizer o que seja ordem pública".[53]

Para CENZANO, poucas vezes, para não dizer jamais, ficou claro o significado e, principalmente, o alcance de ordem pública como limite ao legítimo exercício de um direito. Isso é especialmente preocupante se levado em conta que ordem pública desempenha essa função, entre outras, em múltiplas ordens do direito, já que, segundo o ramo do ordenamento em que este conceito exiba a sua eficácia, seu significado e alcance variam. Se a isso for acrescentado que dentro de um mesmo ramo do direito a expressão ordem pública pode desempenhar uma variada gama de funções jurídicas, compreende-se mais facilmente a complexidade que deriva de sua plurifuncionalidade e multiplicidade de sentidos.[54] Para o

---

[51] P. 47 de DANTAS, Ivo. **Da defesa do estado e das instituições democráticas na nova Constituição**. Rio de Janeiro: Aide Ed., 1989. 176p.

[52] Na Apresentação da obra CRETELLA JÚNIOR, José. (Coord.). **Direito administrativo da ordem pública**. 3 ed. Rio de Janeiro: Forense, 1998. 139p.

[53] P. 13/14 de CALIXTO, Negi. **Ordem Pública**: Exceção à eficácia do direito estrangeiro. Curitiba: Universidade Federal do Paraná, 1987. 75 p.

Na p. 77 de CRETELLA JÚNIOR, José. (Coord.). **Direito administrativo da ordem pública**. 3 ed. Rio de Janeiro: Forense, 1998. 139p., Moreira Neto ressalta que a *ordem pública* "pode parecer, às vezes, como um conceito tão abrangente que PONTES DE MIRANDA chega a defini-la como um 'sobredireito'". (Pontes de Miranda, Comentários à Constituição de 1967, t. 1, p. 124).

[54] P. 17 de CENZANO, José Carlos B. **El orden público como límite al ejercicio de los derechos y libertades**. Madrid: Centro de Estudios Políticos Y Constitucionales, 2002. 455p.

autor, ordem pública constitui um conceito contingente e mutável que depende nada menos que de uma trilogia de variáveis às quais podem ser combinadas entre si: a espacial, a temporal e a política.[55]

De fato, as dificuldades persistem ainda que se queira construir um conceito de ordem pública nos limites de um ramo do direito, como no Direito Internacional Privado, por exemplo, atestando CARDINI, com respaldo em BARDIN, que mesmo ali *ordem pública* é um enigma.[56]

Quanto ao entendimento de *ordem pública* no direito privado, CRETELLA JÚNIOR destaca que, segundo alguns autores, "é preciso cuidado para que não se confunda o sentido da expressão ordem pública, usado, por exemplo, no artigo 6º do Código Civil francês ('Não se pode derrogar, mediante convenções privadas, as leis que interessem à ordem pública'), com o sentido que a expressão tem em matéria de polícia administrativa: as palavras são idênticas, mas trata-se de duas coisas sem relação alguma'. Essa é a opinião de RIVERO para quem as noções de *ordem pública* no Direito Civil e no que se refere à polícia administrativa não têm relação entre si.[57] Segundo outros autores, "as duas noções se assimilam", opinião de PAUL BERNARD.[58] Para Cynthia Almeida, "A ordem

---

[55] P. 18 de CENZANO, José Carlos B. **El orden público como límite al ejercicio de los derechos y libertades**. Madrid: Centro de Estudios Políticos Y Constitucionales, 2002. 455p.

[56] P.7 de CARDINI, Eugenio Osvaldo. **Orden publico**. Buenos Aires: Abeledo-Perrot, 1959. 102p. A obra de BARDIN é **Etudes du droit international privé**. Paris, 1919, p. 210.

Para CARDINI, P. 9/10: "Tanto para Portalis como para Domat, y en general para los primeros comentaristas de la llamada escuela de la exégesis, el orden público se identificaba con el derecho público." Já mais a frente, ainda na p. 10: "La primera cuestión terminológica surge acerca del alcance del vocable 'orden' en la fórmula 'orden público'." P.11: "Para Araux Castex y Lambías el vocablo 'orden' no se emplea aquí en el sentido material de 'orden' – en contraposición del vocablo antinómico 'desorden' –, sino con significado de clase, de categoría; esto es, leyes de categoría, de clase 'pública', en oposicón a las otras que no lo son o que no revisten ese rasgo incisivo."

"En una tesitura antagónica, Risolía explicita el concepto de orden como una 'disposición o acomodación metódica de lo múltiple conforme a un plano o pauta que le asigna lugar propio'. Y el orden público sería, así concebido, esa acomodación o disposición de la realidad social – múltiple, disímil – conforme a un plan sistemático: las normas jurídicas."

[57] P. 370 de RIVERO, Jean. **Direito Administrativo**. Coimbra: Almedina, 1981, p. 480.

[58] P. 323 de CRETELLA JÚNIOR, José. **Dicionário de Direito Administrativo**. 4.ed. Rio de Janeiro: Forense, 1998., fazendo alusão a Rivero, *Droit Administratif*, 7ª ed., 1975, p. 412 e a Bernard, *La Notion d'Ordre Public en Droit Administratif*, 1962.

pública no direito privado é a base jurídica que fundamenta a ordem econômica e moral da sociedade, ou ainda, segundo Orlando Gomes: 'Regulam o Estado e a capacidade das pessoas, organizam a família, a propriedade, e o regime de sua aquisição e perda, e as que impõe às partes, proibições ou medidas ditadas no interesse de terceiros'."[59] Entende a autora "a ordem pública interna como sendo o conjunto de normas que regem a sociedade, visando o bem-estar social, a ordem e os costumes no âmbito interno, e a ordem externa como sendo as normas que regem as questões entre os diversos Estados, os conflitos, enfim, tudo que se relaciona com o direito internacional."[60] Essa é a opinião de CORREA, para quem "desde el ponto de vista jurídico, orden público comprende *aquellas* normas que no pueden dejar de cumplirse".[61] Cita alguns exemplos: "las normas del Código de Procedimientos Civiles, el deber de prestar alimentos; el saneamiento por vicios ocultos en que la renuncia al saneamiento es nula cuando el transfere actúa con dolo o culpa inexcusable; o la calidad es irrenunciable de las beneficios sociales."[62]

Reforçando a complexidade da questão, há os que, tal como FERNÁNDEZ-VALMAYOR, dão a *ordem pública* um sentido amplo que compreende *segurança cidadã'* e *ordem pública* em sentido estrito, distinguindo conceitualmente *orden público* como "protección del libre ejercicio de los derechos fundamentales" e *seguridad ciudadana* como "protección de las personas y bienes frente a acciones violentas o agresiones, situaciones de peligro o calamidades públicas".[63] Segundo o autor, "la seguridad pública comprendería tanto el orden público como la seguridad ciudadana..." havendo uma identificação de 'ordem pública', em sentido amplo,

---

[59] P. 284, ALMEIDA, Cynthia Ract de. Diferenças entre a ordem pública interna e a ordem pública externa. **Revista de Direito Público**, São Paulo, ano 25, n. 99, p. 284-287, jul./set. 1991.

[60] P. 286, ALMEIDA, Cynthia Ract de. Diferenças entre a ordem pública interna e a ordem pública externa. **Revista de Direito Público**, São Paulo, ano 25, n. 99, p. 284-287, jul./set. 1991.

[61] P. 73 de CORREA, Alfredo Quispe. El orden interno, el orden jurídico y el orden público. **Ius et Praxis**, Lima, n. 7, p. 69-78, jul. 1986.

[62] P. 73 de CORREA, Alfredo Quispe. El orden interno, el orden jurídico y el orden público. **Ius et Praxis**, Lima, n. 7, p. 69-78, jul. 1986.

[63] P. 22 de FERNÁNDEZ-VALMAYOR, José Luis Carro. Sobre los conceptos de orden público, seguridad ciudadana y seguridad pública. **Revista Vasca de Administración Pública**, La Rioja, n. 27, p. 9-26, 1990.

com o conceito de 'segurança pública'. CENZANO, por seu turno, afirma que no direito positivo e na jurisprudências espanhois os conceitos de segurança pública, segurança cidadã e ordem pública tem utilização indiferenciada, sem que haja chegado a dar-lhes conteúdo mais preciso e diferenciado de cada um, motivo pelo qual considera que o conceito de 'segurança cidadã' não é absolutamente pacífico[64], no que tem razão, bastando examinar o conceito daquela expressão formulado em solo espanhol: "Em face do arcaico conceito de ordem pública como algo que se impunha desde as instâncias do poder e se dirigia até os cidadãos sem que se importasse muito se estes o aceitassem ou não, devemos potencializar o conceito de segurança cidadã, que implica tanto a cobertura dos interesses gerais do Estado como, paralelamente, dos interesses gerais da sociedade em relação à defesa e à garantia dos direitos e liberdades individuais e coletivos (Cf. Federación Española de Municípios e Províncias – Madri, 1982, p. 72)".[65]

A distinção metodológica entre a concepção descritiva ou *material* e a acepção normativa ou *formal* de ordem pública é a solução explicativa para os desencontros doutrinários na opinião de MOREIRA NETO.[66] Distinção que implica não antagonismo, mas complementaridade, de forma a possibilitar visões distintas que não se excluem, antes permitem um melhor conhecimento. "No *sentido material*, ou descritivo, a *ordem pública* é uma *situação de fato*, ocorrente numa sociedade, resultante da disposição harmônica dos elementos que nela interagem, de modo a permitir-lhe um funcionamento regular e estável, assecuratório da liberdade de cada um".[67]

---

[64] P. 38 de CENZANO, José Carlos B. **El orden público como límite al ejercicio de los derechos y libertades**. Madrid: Centro de Estudios Políticos Y Constitucionales, 2002. 455p.

[65] P. 224, nota 5, de SILVA, Jorge da. **Segurança pública e polícia**: criminologia crítica aplicada. Rio de Janeiro: Forense, 2003.

[66] P. 143 de MOREIRA NETO, Diogo de Figueiredo. Revisão doutrinária dos conceitos de ordem pública e segurança pública. **Revista de Informação Legislativa**, Brasília, a. 25, n. 97, p. 133-154, jan./mar. 1988. O autor informa que "distinção semelhante, das duas acepções de ordem pública, nos oferece GIUSEPPE DE VERGOTTINI, um dos ilustres colaboradores do *Dizionario di política*, Torino, Utet, 1983, v. pp. 741 e 742."

[67] P. 143 de MOREIRA NETO, Diogo de Figueiredo. Revisão doutrinária dos conceitos de ordem pública e segurança pública. **Revista de Informação Legislativa**, Brasília, a. 25, n. 97, p. 133-154, jan./mar. 1988.

"No *sentido formal*, ou normativo, a *ordem pública* é um conjunto de valores, de princípios e de normas que se pretende *devam* ser observados numa sociedade, impondo uma disposição ideal dos elementos que nela interagem, de modo a permitir-lhe um funcionamento regular e estável, assecuratório da liberdade de cada um".[68]

Examinando os conceitos de *ordem pública* percebe-se que, de fato, alguns se encaixam na acepção material, outros na concepção formal, e outros ainda operam uma fusão dessas visões. DE PLÁCIDO E SILVA diz de ordem pública que "entende-se a situação e o estado de legalidade normal, em que as autoridades exercem suas precípuas atribuições e os cidadãos as respeitam e acatam, sem constrangimento ou protesto. Não se confunde com a ordem jurídica, embora seja uma conseqüência desta e tenha sua existência formal justamente dela derivada".[69] Tal entendimento desafia que se questione o que é 'situação ou estado de legalidade normal', ou, ao contrário, como saber que se está diante de um quadro de 'legalidade anormal'.

Segundo a linha da concepção jurídica de HARIOU, *ordem pública* é a ordem material e exterior – considerada como a ordem prevista e regulada pelo direito positivo, um estado de fato oposto a desordem, de forma que a sua preocupação não atinge a ordem ou desordem moral das idéias ou dos sentimentos.

J. DE POUSADA HERRERA escrevia em 1843 que: "El orden público es la primera condición y la circunstancia más indispensable para la existencia de toda asociación. En una sociedad en que las leyes no se respetan, en una sociedad en que los funcionarios encargados de ejecutarlas no tienen la bastante fuerza para hacerse respetar, es imposible que prosperen los intereses materiales, ni los morales. Todo, pues, lo que se refiere al orden público es de muchísima importancia, como es a la vez el premier deber un necesidad de una buena administración. El orden público dice relación a la seguridad de las personas, a la tranquilidad de los pueblos y a la seguridad interior del Estado".[70]

---

[68] P. 143 de MOREIRA NETO, Diogo de Figueiredo. Revisão doutrinária dos conceitos de ordem pública e segurança pública. **Revista de Informação Legislativa**, Brasília, a. 25, n. 97, p. 133-154, jan./mar. 1988.

[69] P. 577 de SILVA, De Plácido e. **Vocabulário Jurídico**. 16. ed. Rio de Janeiro: Forense, 1999.

[70] P. 42 de CUDOLÀ, Vicenç Aguado. **Derecho de la seguridad pública y privada**. Cizur Menor: Aranzadi, 2007. 233p.

Para GASPARINI preservar a ordem pública é serviço voltado a "coibir a violação da ordem jurídica e defender a incolumidade do Estado e dos indivíduos e a restaurar a normalidade de situações e comportamentos que se opõem a esses valores".[71]

Já no entender de Soriano, "El orden es un concepto que resume un *statu quo* estabelecido por el ordenamiento jurídico del Estado. No es un concepto externo al proprio ordenamiento estatal, sino intrasistemático a él mismo, como parte de sus principios fundamentales y síntesis del juego armónico de las instituciones, derechos y deberes establecidos por la Constitución y leyes derivadas. La paz es una manifestación más íntima y profunda de la existencia de ese orden del Estado, aun cuando no siempre es presumible de cualquier clase de orden político, porque la paz tiene esa faceta espiritual que no admite ser satisfecha por todo tipo de orden del Estado".[72] Para o autor, público e político são conceitos suficientemente genéricos e ambíguos para que sejam empregados com natural fungibilidade e intercambialidade no contexto das realidades sociais. No campo propriamente jurídico, 'público' tem uma referência mais concreta, adstrita principalmente às relações do Estado com os cidadãos, ao passo que 'político' é um conceito mais amplo e concerne à organização geral da sociedade e do Estado dentro dessa sociedade, na qual as relações Estado-cidadãos vem a ser um aspecto particular e mais determinado. Disso, entende Soriano que *ordem pública* e *ordem política* são aspectos de uma mesma realidade cujas diferenças devem situar-se no âmbito da aplicação, e não no terreno da definição.[73]

Na identificação de *ordem pública* com *ordem jurídica*, MOREIRA NETO ressalta que *ordem jurídica* deve ser entendida como mais que o

---

[71] P. 61 de GASPARINI, Diógenes. Responsabilidade do Poder Público Municipal na segurança pública em face da revisão da Constituição Federal. **Revista de Informação Legislativa**, Brasília, ano 30, n. 117, p. 57-66, jan./mar. 1993.

[72] P. 97 de SORIANO, Ramon. La paz y la Constitucion española de 1978. **Revista de Estudios Politicos (nueva epoca)**, Madrid, n. 45, p. 93-123, mai./jun. 1985.

[73] P. 99 de SORIANO, Ramon. La paz y la Constitucion española de 1978. **Revista de Estudios Politicos (nueva epoca)**, Madrid, n. 45, p. 93-123, mai./jun. 1985.

Sobre 'ordem política' e 'ordem pública' como aspectos de uma mesma realidade, diz o autor: "Ambos tienen unos componentes formales y avalorativos, y entran por ello perfectamente en la dimensión normativa del Derecho, lejos de un análisis axiológico de las realidades jurídicas y de las relaciones de conexión entre factores sociales y normas jurídico-positivas."

direito positivo. O autor parte de PAUL BERNARD para quem, em *ordem pública*, somam-se elementos metajurídicos – referencial moral e referencial consuetudinário – à ausência de perturbações, paz pública e disposição harmoniosa da convivência[74], de forma tal que a convivência pacífica e harmoniosa não se esgota no direito. "Há atuações que embora não previstas no Direito positivo são perturbadoras da situação de paz e de harmonia social por serem atentatórias à moral e aos costumes", diz o autor, de modo a não ser supérfluo que se fale em dimensão moral da *ordem pública*, ainda que se saiba que o jurídico contenha orientação moral.[75] Neste sentido, para WALINE em *ordem pública* "não se trata apenas de manutenção normal da ordem na rua, mas também de manter uma certa ordem moral".[76] Clara a sua compreensão de *ordem jurídica*, MOREIRA NETO então atesta "com esta imensa riqueza conteudística, da *Ordem Jurídica*, chega-se à *Ordem Pública* como *um aspecto visível de sua realização*, como uma idéia que tem a vocação de um endereçamento prático, que tem a ver com a harmoniosa convivência diária, com o clima de paz social, com a exclusão da violência e com o trabalho permanente dos agentes de segurança pública na guarda desses valores".[77] "A ordem

---

[74] P. 79 de CRETELLA JÚNIOR, José. (Coord.). **Direito administrativo da ordem pública**. 3 ed. Rio de Janeiro: Forense, 1998. 139p.

[75] P. 79 de CRETELLA JÚNIOR, José. (Coord.). **Direito administrativo da ordem pública**. 3 ed. Rio de Janeiro: Forense, 1998. 139p.

[76] P. 79 de CRETELLA JÚNIOR, José. (Coord.). **Direito administrativo da ordem pública**. 3 ed. Rio de Janeiro: Forense, 1998. 139p.. MOREIRA NETO faz referência á obra Marcel Waline, *Droit Administratif*, 9ª ed., Paris, 1963, p. 642.

[77] P. 79/80 de CRETELLA JÚNIOR, José. (Coord.). **Direito administrativo da ordem pública**. 3 ed. Rio de Janeiro: Forense, 1998. 139p.

Continuando na p. 79: "A Ordem Pública, em suas atuais dimensões, ultrapassa a antiga idéia de *conjunto de normas*. Assimilar-se a Ordem Jurídica à ordem legal normativa não é errado mas é insuficiente. A Ordem Jurídica engloba outros elementos que lhe são essenciais e que a tornam distinta e mais ampla que os elementos positivos que a integram."

Vai ainda na p. 79: "Isto ocorre porque, como tão bem expõe Santi Romano, a Ordem Jurídica é uma entidade permanentemente em movimento, tanto segundo suas normas como, sobretudo, movendo suas próprias normas, de modo que o Direito não se esgota nas normas se não que estas são o produto da vontade que as fixa". (Santi Romano, *El Ordenamiento Jurídico*, Madrid, Instituto de Estúdios Políticos, 1963, p. 88).

Persiste na p. 79: "Por outro lado, a Ordem Pública é uma situação visível, prática, resultante da observância da Ordem Jurídica".

pública formal atuaria como um *conceito geral de direito*, um sistema abstrato de referência, não apenas da convivência pública mas da própria ordem jurídica".[78] O entendimento de MOREIRA NETO não se conforma à compreensão de MEIRELLES acerca do tema na medida em que este autor tem que "*ordem pública* é a situação de tranquilidade e normalidade que o Estado assegura – ou deve assegurar – às instituições e a todos os membros da sociedade, consoante as normas jurídicas legalmente estabelecidas" de tal modo que, considerada a concepção abrangente de *ordem jurídica*, MEIRELLES restringe *ordem pública* ao direito positivo.[79]

Há aqueles que, por outro lado, não identificam *ordem pública* com *ordem jurídica* ou que não entendem que a *ordem pública* seja uma decorrência da *ordem jurídica*. Consideram, ainda sob o ponto de vista *formal*, que a *ordem pública* é uma *parte* da *ordem jurídica*. É o entendimento de FORTUNATO LAZZARO[80], bem como de HENRI CAPITANT quando este caracteriza *ordem pública* como "o conjunto de normas e instituições cujo objetivo consiste em manter em um país o bom funcionamento dos serviços públicos, a segurança e a moralidade das relações entre os particulares".[81] Semelhante entendimento tem CORREA para quem "también

---

P. 80: "Nestes termos, a Ordem Pública é a concretização em tempo e lugar determinados, dos valores convivenciais postulados pela Ordem Jurídica. Assim, a Ordem Jurídica pode e deve balizar o *emprego dos meios* do Poder de Polícia, mas é a necessidade de manter a Ordem Pública que deve indicar as *medidas de seu emprego dentro desses limites*, em termos de oportunidade, conveniências e conteúdo. São, portanto, conceitos *complementares*".

[78] P. 145 de MOREIRA NETO, Diogo de Figueiredo. Revisão doutrinária dos conceitos de ordem pública e segurança pública. **Revista de Informação Legislativa**, Brasília, a. 25, n. 97, p. 133-154, jan./mar. 1988.

[79] P. 92 de CRETELLA JÚNIOR, José. (Coord.). **Direito administrativo da ordem pública**. 3 ed. Rio de Janeiro: Forense, 1998. 139p.

[80] P. 29 de DUARTE, Clenício da Silva. Mandado de segurança, suspensão de medida liminar, ordem pública. **Revista de Direito Administrativo**, Rio de Janeiro, v. 129, p. 289-291, jul./set. 1977.

Na p. 29, o autor menciona a *Enciclopédia Forense*, Valiardi Milão, 1960, v. V, no verbete *Ordine Pubblico*, (p. 417), de autoria de Fortunato Lazzaro, que dá o seguinte conceito: "Vi é, in ogni societá, um ordine conforme all'interesse ai tutti gli uomini raccolti in consorzio: 'ordine pubblico' sta ad indicare l'insieme dei principi fondamentali dall'osservanza dei quali dipende il buon andamento della vita sociale e che constituiscono i cardini ogni ordinamento giuridico."

[81] P. 29 de DUARTE, Clenício da Silva. Mandado de segurança, suspensão de medida liminar, ordem pública. **Revista de Direito Administrativo**, Rio de Janeiro, v. 129, p. 289-291, jul./set. 1977.

se comprende en orden público las buenas costumbres, cuya apreciación varía en tiempo y lugar. Mas, entendido el orden público como respecto a ciertas leyes, no lo es obviamente, respecto a todas las leyes; y, extendida a las buenas costumbres, tampoco comprende todas las costumbres, por lo que si sumamos en orden público ambas expresiones siempre orden público sería menor que Orden Interno, porque forma parte del Orden Interno el orden jurídico, el que abarca todas las leyes, no sólo las consideradas de orden público".[82]

Para Cretella Júnior, a *ordem pública* não deixa de ser uma situação de legalidade e moralidade normal, apurada por quem tenha competência para isso sentir e valorar. "A *ordem pública* existirá onde estiver ausente a *desordem*, isto é, os atos de violência, de que espécie for, contra as pessoas, bens ou o próprio Estado. "A *ordem pública*, arremata o autor, não é figura jurídica, embora dela se origine e tenha a sua existência formal".[83] Hely Lopes Meirelles também considera que a *ordem pública*

É feita a seguinte diferenciação no Vocabulaire Juridique de Henri Capitant, (*apud* Guillermo Cabanellas, *Diccionario de Derecho Usual*, Buenos Aires, 1953, t. II, verbete *Ordem Pública*, p. 897) quando do verbete 'ordre public': "A. (D. pub. Et prive). Ensemble des institutions et des règles destinées à maintenir dnas um pays le bon fonctionnement des services publics, la securité et la moralité des rapports entre particuliers et dont ceux-ci ne peuvent em principe écarter l'application dans leurs conventions.

B. (D. int. prive). Ensemble des institutions et des règles tellement liées à la civilation d'un pays que les juges de ce pays doivent les appliquer de preference à la loi étrangère, même lorsque celle-ci serait competente d'après les règles ordinaires des conflits de lois. – Synonyme: *ordre public international* ou *ordre public absolu*."

[82] P. 73 de Correa, Alfredo Quispe. El orden interno, el orden jurídico y el orden público. **Ius et Praxis**, Lima, n. 7, p. 69-78, jul. 1986. "*Acepción Jurídica*: son *aquellas* leyes que no pueden excluir-se por convención y son de cumplimiento obligatorio. También puede considerarse *aquellas* normas legales, dictadas por un gobierno, para combatir una situación compleja o frenar una grave alteración."

Cita, ainda na p. 73, Abelardo Torres (Torres, Abelardo. **Introducción al derecho**. Editorial Perrot, Buenos Aires, 1977, p. 453) que, por sua vez, afirma que: "...el orden público, en tanto que realidad social, es la resultante del respeto por todos los habitantes de *aquellos principios o normas fundamentales* de convivencia, sobre los que reposa la organización de una coletividad determinada. Más concretamente, resulta de la observancia de un *conjunto* de normas jurídicas, cuyo cumplimiento es indispensable para preservar el mínimo de condiciones necesarias para una convivencia normal."

[83] P. 8 de Cretella Júnior, José. (Coord.). **Direito administrativo da ordem pública**. 3 ed. Rio de Janeiro: Forense, 1998. 139p

não é uma figura jurídica, da mesma maneira que não é uma instituição política ou social. Para o autor, *ordem pública* "é uma situação fática de respeito ao interesse da coletividade e aos direitos individuais que o Estado assegura".[84]

Já sob a concepção *material*, José Afonso da Silva e outros tomam *ordem pública* como oposição a *desordem* de forma tal que "*ordem pública* será uma situação de pacífica convivência social, isenta de ameaça de violência ou de sublevação que tenha produzido ou que supostamente possa produzir, a curto prazo, a prática de crimes." E complementa afirmando que "convivência pacífica não significa isenta de divergências, de debates, de controvérsias e até de certas rusgas interpessoais. Ela deixa de ser tal quando discussões, divergências, rusgas e outras contendas ameaçam chegar às vias de fato com iminência de desforço pessoal, de violência e do crime".[85]

Louis Rolland dá a sua visão *material* de *ordem pública* desdobrando o conteúdo em *tranquilidade pública*, *segurança pública* e *salubridade pública*. Paul Bernard, adotando também a linha *material*, distingue *ausência de perturbação*, *paz pública* e *disposição harmoniosa da con-*

---

[84] P. 93 de Cretella Júnior, José. (Coord.). **Direito administrativo da ordem pública**. 3 ed. Rio de Janeiro: Forense, 1998. 139p.

Para Hely Lopes Meirelles, nas p. 92/93, "A *ordem pública* visa a garantir o exercício dos direitos individuais, manter a estabilidade das instituições e assegurar o regular funcionamento dos serviços públicos, como também impedir os 'danos sociais', que Marcello Caetano conceitua como 'os prejuízos causados à vida em sociedade ou que ponha em causa a convivência de todos os membros dela'. " (Marcello Caetano, *Princípios Fundamentais do Direito Administrativo,* Rio de Janeiro, Forense, 1977, p. 342).

Na p. 93, "O conceito de *ordem pública* não se restringe apenas à estabilidade das instituições, pois abrange e protege também os direitos individuais e a conduta lícita de todo cidadão, para a coexistência pacífica na comunidade. Tanto ofende a ordem pública a violência contra a coletividade ou contra as instituições em geral, como o atentado aos padrões éticos e legais de respeito à pessoa humana."

[85] P. 742/743 de Silva, José Afonso da. **Curso de direito constitucional positivo**. 15 ed. Cidade: Malheiros, 1998. 863 p. Na p. 742, diz ele: "a *ordem pública* requer definição, até porque, como dissemos de outra feita, a caracterização de seu significado é de suma importância, porquanto se trata de algo destinado a limitar situações subjetivas de vantagem, outorgadas pela Constituição. Em nome dela se têm praticado as maiores arbitrariedade. Com a justificativa de garantir a ordem pública, na verdade, muitas vezes, o que se faz é desrespeitar direitos fundamentais da pessoa humana, quando ela apenas autoriza o exercício regular do poder de polícia."

vivência.[86] SANTIN, por sua vez, considera "inquestionável o direito do cidadão de viver em uma sociedade harmônica, em que vigore a paz e a tranqüilidade na convivência com os semelhantes, dentro de uma ordem pública regular...".[87] BLAISE KNAPP, citado por LAZZARINI, afirma que a *ordem pública* compreende a *ordem pública propriamente dita*, a saúde, a segurança, a moralidade e a tranquilidade públicas, assim como a boa-fé nos negócios. "*Ordem pública propriamente dita*, esclarece, é a ausência de desordem, de atos de violência contra as pessoas, os bens ou o próprio Estado".[88] PEQUIGNOT assenta *ordem pública* na *ausência de perturbação* e na *disposição harmoniosa das relações sociais.*[89]

MIGUEL SEABRA FAGUNDES adota uma postura híbrida ao conceber *ordem pública* como "condição de paz para a realização dos objetivos do Estado e do seu papel perante a sociedade (preservação da lei pela obediência e restauração da lei por imposição coercitiva), que mais interessa analisá-la, estudá-la e caracterizá-la. E é vista como estado de paz, por oposição ao estado de ameaça à tranqüilidade social ou de perturbação dela, que a ordem pública se relaciona, de imediato, com a atividade policial".[90] O mesmo se diz de SOIBELMAN que entende por ordem pública

---

[86] P. 143/144 de MOREIRA NETO, Diogo de Figueiredo. Revisão doutrinária dos conceitos de ordem pública e segurança pública. **Revista de Informação Legislativa**, Brasília, a. 25, n. 97, p. 133-154, jan./mar. 1988.

[87] P. 86 de SANTIN, Valter Foleto. **Controle judicial da segurança pública**: eficiência do serviço na prevenção e repressão ao crime. São Paulo: Ed. Revista dos Tribunais, 2004. 286p.

[88] P. 278/9 de LAZZARINI, Álvaro. A ordem constitucional de 1988 e a ordem pública. **Revista de Informação Legislativa**, Brasília, ano 29, n. 115, p. 275-294, jul./set. 1992. A obra citada é KNAPP, Blaise. *Précis de Droit Administratif*, Editions Helbing & Lichtenhahn, Bâle et Francfort-sur-le-Main, Suíça, 1980, p. 20.

[89] P. 76 de CRETELLA JÚNIOR, José. (Coord.). **Direito administrativo da ordem pública**. 3 ed. Rio de Janeiro: Forense, 1998. 139p. A lembrança é de MOREIRA NETO e a manifestação de PEQUIGNOT consta do seu prefácio na obra *La notion d'ordre public en droit administratif*, de PAUL BERNARD, publicada em 1962.

[90] Apresentação da obra CRETELLA JÚNIOR, José. (Coord.). **Direito administrativo da ordem pública**. 3 ed. Rio de Janeiro: Forense, 1998. 139p.

Na p. 97/98 de SORIANO, Ramon. La paz y la Constitucion española de 1978. **Revista de Estudios Politicos (nueva epoca)**, Madrid, n. 45, p. 93-123, mai./jun. 1985: "Decían los clásicos que la paz era algo así como la manifestación del orden; para San Agustín '*pax est ordinis tranquilitas*', de lo que parece deprenderse que la paz es un derivado necesario del orden. Pero esta constatación además de superficial es engañosa,

o "Estado de tranqüilidade social e respeito a bens e pessoas, instituições e autoridades. Conjunto de normas que não podem ser alteradas pela vontade particular. Fins a serem atingidos pelo Estado ou que norteiam a sua ação. Leis que restringem a admissão de leis estrangeiras, de atos e sentenças de outro país".[91]

Ao abordarem as limitações das liberdades em nome da proteção da sociedade, Rivero e Moutouh afirmam que a primeira limitação é a *ordem pública*, que é uma limitação absoluta no sentido de que é uma exigência da vida social imposta a todos e em todas as circunstâncias. Aduzem que a *proteção das bases materiais da vida social*, ou seja, *ordem material*, é a *ordem pública* no sentido preciso da palavra. "Sobre esse ponto, o acordo é quase geral: admite-se que todas as liberdades encontram um limite quando redundam na desordem de rua, pois a segurança física, que desaparece quando a desordem se instala, condiciona-lhes o exercício".[92]

---

porque en los clásicos iusnaturalistas, en el contexto de su simbiosis entre Teología y Derecho, el orden no podía ser un concepto formal, sino un orden justo, un *iuxtum ordo* dimanante de una justicia divina, cuya propia validez dependía de la materialización del *bonum commune*, que no en vano figura como elemento teleológico en las definiciones del Derecho y de las leyes de los escolásticos. La paz es, así, una manifestación del orden, pero de un orden justo, no de cualquier orden."

Na p. 98: "Desde esta concepción particular de la paz, sólo el orden social y político justo, instaurado por los propios ciudadanos para el desarrollo de los valores jurídicos asumidos por la sociedad, puede conducir a la paz como la situación de convivencia pacífica y el sentimiento de acptación íntima y satisfactoria de ese estado de cosas por todos querido. La paz viene a ser el sentimiento de tranquilidad ante la contemplación de un orden justo del Estado refrendado democráticamente."

Continuação, ainda na p. 98: "Es el orden del Estado el que puede ser justo o injusto, democráticamente instaurado o impuesto por el poder, querido o temido. Pero la paz, como sentimiento espiritual de los ciudadanos, no puede compadecerse con un concepto de orden meramente formal."

Num trecho, afirma o autor, p. 98: "paz y orden pueden comenzar juntos uma misma andadura, para después separarse irremisiblemente, porque la paz, siempre débil y exigente, puede morir pronto en tanto el orden permanece apoyado en la única razón de la fuerza."

[91] P. 260 de Soibelman, Leib. **Enciclopédia do advogado**. 3.ed. Rio de Janeiro: Editora Rio, 1981. 520p.

[92] P. 212/213 de Rivero. Jean; Moutouh, Hugues. **Liberdades públicas**. São Paulo: Martins Fontes, 2006. Válida neste ponto a lembrança de Delmas-Marty, Mireille. **Os grandes sistemas de política criminal**. Barueri: Manole, 2004. 562p., ao lembrar que

Ressaltando que o conceito de ordem pública é daqueles que são objeto material de inúmeras ciências, indo desde a sociologia até o direito público, DANTAS dá o seu posicionamento focado na 'normalidade', de modo que "*ordem pública* há de ser entendida como aquela que corresponde ao funcionamento normal da sociedade como um todo, evidentemente que dentro de uma ótica de juízo de valor que corresponde aos valores consagrados e aceitos por esta mesma sociedade".[93] Da mesma forma, ALFONSO tem que "por orden público, el concepto mismo de los comportamientos no regulados por el Derecho positivo, pero considerados en la conciencia colectiva como presupuesto mínimos o indispensables para una convivencia ordenada o con 'normalidad'. En todo caso, esta normalidad mínima consiste en un orden puramente externo o material".[94]

Outros adotam posicionamentos que não se identificam precisamente com os perfis *material* ou *formal* e trazem, de uma forma ou de outra, elementos novos ao conceito de *ordem pública*. Com base em VEDEL, EMILIO FERNÁNDEZ VÁSQUEZ, por exemplo, afirma que "la notion de orden público es basica en el Derecho Administrativo y está constituida por um mínimo de condiciones imprescindibles para uma vida social conveniente o adecuada. La seguridad de las personas y de los bienes, la salubridad y la tranquilidad constituyen su fundamento. El orden publico revieste también aspectos econômicos –lucha contra los monopólios, contra la carestia – y también estéticos; protecctión de lugares públicos y de monumentos".[95] SILVA, por seu turno, põe-se entre aqueles que consideram ordem pública vai além da oposição à desordem. Tem que "Dentro dos padrões da nossa sociedade e da realidade institucional em que estamos inseridos, percebe-se claramente que a interpretação estrita de que 'ordem pública' é a ausência de desordem está longe de corresponder à realidade".[96] Esclarece entender que a *ordem pública* compreende, além

---

Montesquieu precisa no *Espírito das leis* que a liberdade 'não consiste em fazer o que se quer', mas que ela é 'o direito de fazer tudo aquilo que as leis permitem'. Nesta perspectiva, liberdade e ordem não se contradizem, mas se afirmam, ao contrário, reciprocamente."

[93] P. 48 DANTAS, Ivo. **Da defesa do estado e das instituições democráticas na nova Constituição**. Rio de Janeiro: Aide Ed., 1989. 176p.

[94] P. 59 de ALFONSO, Luciano P.; DROMI, Roberto. **Seguridad pública y derecho administrativo**. Madrid: Marcial Pons, 2001. 410 p.).

[95] P. 47 de DANTAS, Ivo. **Da defesa do estado e das instituições democráticas na nova Constituição**. Rio de Janeiro: Aide Ed., 1989. 176p.

[96] P. 154 de SILVA, Jorge da. **Controle da criminalidade e segurança pública na nova ordem constitucional**. 2 ed. Rio de Janeiro: Forense, 2003. 230p. Diz, p. 154/155,

das noções de segurança e tranqüilidade, os conceitos de ordem moral, estética, política e econômica.

OTTO MAYER é considerado o representante clássico do que se denomina concepção *metajurídica* de ordem pública que, diferentemente do caráter complementar das abordagens *material* e *formal*, é antagônica a acepções de natureza *jurídica*. Para OTTO MAYER, ordem pública é 'buen orden de la comunidad' *(gute Ordnung de Gemeinwesens)*, cujo conteúdo ou alcance não descreve.[97] Independentemente de qualquer norma jurídica positiva, OTTO MAYER entende haver um direito natural de polícia que se legitima por si mesmo para intervir na esfera da liberdade e propriedade dos cidadãos com a finalidade de manter a ordem social, 'a boa ordem da comunidade'. A concepção de OTTO MAYER se estabelece no pressuposto de que o particular não pode pertubar a boa ordem da comunidade em que vive, antes tendo a obrigação social de não perturbar, obrigação essa 'natural', não imposta por nenhuma norma jurídica concreta.

Reagindo à concepção metajurídica de OTTO MAYER, RANELLETTI afirma que 'buen orden de la comunidad' somente pode ser entendido como ordem jurídica, ordem estabelecida pelo direito positivo. Para RANELLETTI a concepção de OTTO MAYER implica em supor a negação da garantia de liberdade individual face aos incertos limites das liberdades dos cidadãos. Assim, a ação policial é voltada não a garantir uma imprecisa 'ordem social', mas sim uma ordem jurídica, uma ordem estabelecida pelo direito positivo. Noutras palavras, para RANELLETTI, ordem pública é a ordem pretendida pelo direito.[98]

---

que "é temerário conceber-se que ordem pública pressuponha a contrapartida da desordem pública. Se esse raciocínio estivesse correto só se admitiria a atuação repressiva da polícia nos casos de distúrbios, manifestações públicas etc. Esta é uma visão estrita da ordem pública. Não a explica como um todo." O autor, em pé de página, refere-se a João de Deus Mena Barreto (BARRETO, João de Deus Menna. *Violência e Criminalidade: Propostas de Solução*. Forense, Rio de Janeiro, 1980: "não nos parecem procedentes os argumentos de que a ronda ou vigilância sejam forma de manutenção da ordem pública. A expressão contida no preceito constitucional exige, naturalmente, como pressuposto de intervenção da Polícia Militar a quebra da ordem pública, ou ameaça dessa ruptura, isto é, da desordem".

[97] P. 12 de FERNÁNDEZ-VALMAYOR, José Luis Carro. Sobre los conceptos de orden público, seguridad ciudadana y seguridad pública. **Revista Vasca de Administración Pública**, La Rioja, n. 27, p. 9-26, 1990.

[98] P. 12 de FERNÁNDEZ-VALMAYOR, José Luis Carro. Sobre los conceptos de orden público, seguridad ciudadana y seguridad pública. **Revista Vasca de Administración**

Por fim, merece registro o entendimento de Moreira Neto quando, valendo-se de fundamentos e instrumentos metodológicos da Teoria Geral dos Sistemas, tem que a *ordem pública* é o pré-requisito de funcionamento do *sistema de convivência pública.*[99]

Seja como for, segurança e ordem públicas são necessária e fortemente vinculadas.

I.3 – Segurança e Ordem Públicas

A sociedade que não proporciona liberdade – direito do homem que reconhece a este o poder de escolha nos diversos campos da vida social – aos seus membros a rigor não se justifica. A liberdade, ainda que não absoluta, é meta e essência da sociedade. São extremos: de um lado, a utópica sociedade perfeita, ou seja, essencialmente democrática, liberal e sem injustiças econômicas, educacionais, de saúde, culturais etc. Nela, a liberdade é absoluta. Do outro lado, a sociedade imperfeita, desigual, não democrática, injusta, repleta dos mais graves vícios econômicos, de educação, de saúde, culturais etc. Nesta, a liberdade é inexistente.

Entre os extremos está a sociedade real – lat. *reale* –, a de fato, a verdadeira ou efetiva, aquela na qual os problemas econômicos, educacionais, de saúde, culturais etc., existem em infinitos níveis intermediários[100].

Pública, La Rioja, n. 27, p. 9-26, 1990. A. Merkl acompanha Ranelletti entendendo que a concepção metajurídica de Otto Mayer era tão quão inapreensível quanto os significados de 'bom cidadão' ou 'comportamento público conveniente'.

[99] P. 142 de Moreira Neto, Diogo de Figueiredo. Revisão doutrinária dos conceitos de ordem pública e segurança pública. **Revista de Informação Legislativa**, Brasília, a. 25, n. 97, p. 133-154, jan./mar. 1988.

Motivo pelo qual, afirma o autor na p. 152, que "Em termos de funcionalidade homeostática, a segurança pública é o conjunto de *estruturas* e *funções* que deverão produzir atos e processos capazes de afastar ou eliminar riscos contra a ordem pública."

[100] Ao falar sobre 'as gerações de direitos e sobre o processo histórico de ampliação do conteúdo jurídico da dignidade humana', Bucci diz que "A necessidade do estudo das políticas públicas vai se mostrando à medida que se buscam formas de concretização dos direitos humanos, em particular os direitos sociais. Como se sabe, os chamados direitos humanos de primeira geração, os chamados direitos individuais, consistem em direitos de liberdade, isto é, direitos cujo exercício pelo cidadão requer que o Estado e os concidadãos se abstenham de turbar. Em outras palavras, o direito de expressão, de

As três sociedades – perfeita, imperfeita e real – 'existem' cada qual com a sua estabilidade interna de convivência, de forma que os seus membros experimentam relações entre si com a liberdade *possível.* Quanto mais imperfeita a sociedade, menos liberdade os indivíduos possuem, e maior a tendência de convivência impossível. Na outra ponta, quanto mais próxima da perfeição, mais próximos da liberdade absoluta estão os indivíduos. Há a convivência ótima.

Plenamente seguro é o indivíduo certo de que pode usufruir liberdade na totalidade. Plenamente seguro é o indivíduo da sociedade perfeita, da convivência perfeita. A sociedade perfeita é dotada de segurança pública total, na medida em que todos os indivíduos estão absolutamente seguros.

A sociedade real, por seu turno, pode ter maior ou menor segurança pública. Numa sociedade real a maior segurança pública possível é aquela compatível com o equilíbrio dinâmico social, ou seja, adequada à convivência social estável.[101] Não mais e não menos que isso.[102] Isto significa

---

associação, de manifestação do pensamento, o direito ao devido processo, todos eles se realizariam pelo exercício da liberdade, requerendo, se assim se pode falar, garantias negativas, ou seja, a segurança de que nenhuma instituição ou indivíduo irá perturbar o seu gozo." (Bucci, Maria Paula Dallari. Buscando um conceito de políticas públicas para a concretização de direitos humanos. Disponível em <http://www.dhnet.org.br/direitos/textos/politicapublica/mariadallari.htm>. Acesso: 26 jul. 2007).

[101] A pretensão de se impor um nível de segurança pública acima daquele compatível com o quadro social específico pode até se concretizar na aparência. Mas, na verdade, essa segurança pública será fictícia na medida em que exigirá que o Estado faça uso de instrumentos que comprometem a segurança jurídica do indivíduo em face do exercício exacerbado poder.

[102] P. 69 de Jesus, Damásio Evangelista. Segurança pública: diagnóstico e prevenção. O panorama da criminalidade a partir da realidade da cidade de São Paulo. In: Leal, César Barros; Piedade Júnior, Heitor (coord.). **A violência multifacetada**: estudos sobre a violência e a segurança pública. Belo Horizonte: Del Rey, 2003. p. 41-80.: "não concebemos a tese da extinção absoluta da prática dos delitos. Onde existirem seres humanos, aí estará presente o Direito e, consectariamente, a violação a ele, materializada, dentre outras formas, no cometimento de crimes. O que entendemos suportável é uma criminalidade mínima, que não represente riscos à estrutura social." Já para Silva, Jorge da. **Controle da criminalidade e segurança pública na nova ordem constitucional**. 2 ed. Rio de Janeiro: Forense, 2003. 230p., na p. 139: "O objetivo de qualquer política pública para a área da segurança não é acabar com a criminalidade, e sim situá-la num limite que não ameace a harmonia social e a própria ordem estabelecida. Há, pois, que buscar meios mais eficazes de conter a escalada do crime e da violência, e desenvolver formas menos

que para se ter segurança pública há que se buscar constantemente alcançar e preservar o equilíbrio na sociedade real, ou seja, é a permanente perseguição à 'ordem pública'.

Para compreensão conjugada de segurança e ordem públicas, numa dimensão realista, faz-se preciso um exame aprofundado dos seus significados, o que é possível a partir da 'ordem' no sistema social.

Sistema em 'ordem' significa sistema com disposição de componentes, ou mais precisamente, da relação entre estes, conveniente à consecução de um determinado fim. No sistema social, ordem pública é a condição necessária à convivência social com liberdade, ainda que essa liberdade na realidade não seja, como de fato não é, absoluta. Ela é relativa – é a liberdade *possível* – e se dá de acordo com as condições socioeconômicas de uma sociedade em estudo. Uma sociedade está em ordem pública, em seus múltiplos aspectos, quando a convivência social está em *equilíbrio dinâmico* com as condições socioeconômicas nela percebidas. Tal ordem pública não implica apenas na sobrevivência da sociedade. É mais que sobrevivência: em ordem pública, as relações entre os membros da sociedade são marcadas pelo exercício de direitos básicos, qualquer que seja o nível socioeconômico da sociedade.

Vários são os indicadores que compõem e definem as condições socioeconômicas de uma sociedade. Entre estes indicadores pode-se citar 'economia', 'educação', 'cultura', 'comércio e serviços', 'saúde', participação e organização sociopolítica' e 'transportes'. Tais indicadores têm a ver com o conjunto de direitos inerentes à natureza humana que não pode ser ignorado sem atentar contra esta. Quanto mais aqueles indicadores estiverem próximos do ideal, mais livres são as relações experimentadas pelos membros da sociedade.

A criminalidade também é um indicador. Sob o ponto de vista da criminalidade, diz-se que uma sociedade, dada a transversalidade e complementaridade, está em ordem pública quando ela, a criminalidade, é compatível e está em harmonia com as condições socioeconômicas *gerais* da sociedade. A qualidade das relações entre os membros da

---

traumáticas de lidar com a população, sem o que, pretendendo combater a violência, a polícia acaba contribuindo para aumentá-la, sobretudo pela revolta que acarreta quando, selecionando pessoas 'perigosas' em função do nível social, da cor da pela, do local de moradia, ou por qualquer outro esteriótipo, as fere naquilo que têm de mais nobre: a sua dignidade."

sociedade é considerada adequada ou apropriada quando a criminalidade alcança e é mantida naquele patamar de harmonia, na verdade, uma *zona de estabilidade*. É isso que configura 'manutenção da ordem pública' sob o aspecto da criminalidade, e é o que se denomina por 'segurança pública'. Noutros termos, o princípio básico de organização da segurança pública, isto é, o contexto em que ela se verifica efetivamente é a manutenção da criminalidade numa *zona de estabilidade* que se define por *processo (fluxo)* contínuo de harmonização oscilante com as condições socioeconômicas de determinada sociedade. A *zona de estabilidade* é identificada pela sociologia, ciência que estuda as condições sociais de formação e de exercício da liberdade. Por meio de princípios e métodos científicos, investiga a convivência social, tomando como parâmetro o concurso de condições, fatores e produtos da vida social. A sociologia reconhece, identifica, partindo do conhecimento dos indicadores socioeconômicos de uma sociedade, o patamar de equilíbrio – instável – no qual a vida social acontece de forma mais ou menos regular, delimitando uma faixa de valores máximos e mínimos para além dos quais a convivência social corre riscos. Para tanto, avalia as condições de existência e de manutenção social, bem como a organização e a estrutura dos quadros sociais.

Antes de dar continuidade à compreensão de segurança pública, é necessário explicar o que se entende por criminalidade. Na raiz grega, crime (verbo χρινω) significa *separar, triar, escolher*, depois, *discernir, distinguir, julgar*, de onde *levar a julgamento*, sinônimo de *acusar.*[103] 'Criminal' designa um comportamento de afastamento, de separação com respeito às normas[104] donde criminalidade é aquele comportamento, tomado como gênero, reiterado no tempo.[105]

---

[103] P. 75 de Delmas-Marty, Mireille. **Os grandes sistemas de política criminal**. Barueri: Manole, 2004. 562p

[104] P. 75/76 de Delmas-Marty, Mireille. **Os grandes sistemas de política criminal**. Barueri: Manole, 2004. 562p

[105] Delmas-Marty, Mireille. **Os grandes sistemas de política criminal**. Barueri: Manole, 2004. 562p. na p. 77/78: "Sobre as noções de infração e de desvio, notaremos que foram consideradas as críticas da corrente abolicionista a respeito do termo 'crime', que 'tudo falseia e nos condena a andar em círculo', porque impõe, de certa forma, um estereótipo de política criminal – a política penal (L. Hulsman e J. Bernat de Celis, in *Peines perdues*, já citado, Le Centurion, 1982). Por outro lado, pareceu necessário marcar – por dois termos distintos – a diferença entre as diferentes situações que a corrente abolicionista confunde pelo uso do termo único 'situação – problema', já que o desvio

Segurança pública decorre da conjugação do indicador de criminalidade com a atuação estatal por *mecanismos de realimentação*. Para uma satisfatória compreensão, a questão se põe numa sociedade hipotética da seguinte maneira. Considere-se um instante inicial onde a criminalidade esteja num ponto elevado e a atuação estatal, ao contrário, seja mínima. À medida que o Estado atua respondendo à criminalidade, os valores desta reduzem até alcançar zona na qual a criminalidade esteja de acordo com as condições socioeconômicas daquela sociedade. Aquela zona recebe a denominação *zona de estabilidade*.[106] A partir desse instante de entrada da criminalidade na zona de estabilidade, qual seja, no patamar de harmonia com as condições socioeconômicas da sociedade, o Estado continua e deve continuar agindo para *manter* o equilíbrio dinâmico por meio de *mecanismos internos de realimentação* que nada mais são que respostas de todo o sistema de segurança pública às informações externas – variações nos índices dos indicadores socioeconômicos – no sentido de manter a criminalidade na *zona de estabilidade*. Como a criminalidade ininterrupta e invariavelmente oscila, diz-se haver *instabilidade* mantida na *estabilidade*.

---

da normatividade que definimos como *infração* é uma noção que pode ser delimitada de forma precisa, enquanto o desvio da normalidade, que nomeamos *desvio*, implica um estado contínuo, difuso, mal delimitado. De onde vem a importância, em nossa opinião, de uma distinção que comanda a forma pela qual se delimita o espaço de liberdade em relação ao espaço controlado. Entretanto, no que diz respeito ao desvio à normatividade, o termo que utilizamos é infração, em vez de crime, precisamente porque esta palavra, mais neutra, não impõe o sistema penal como única resposta.

Não obstante estas considerações, assim como a renomada autora continua a fazer uso da expressão 'política criminal', utiliza-se o termo 'criminalidade' no presente trabalho, seja também por sua utilização corriqueira, seja pelo seu reconhecimento internacional, ainda que seja preciso, como acentuado por Delmas-Marty, obra citada, p. 75, sublinhar "as evidentes fraquezas de uma fórmula ao mesmo tempo *cortada* da linhagem ingênua (na qual, primeiramente, é abordado o crime de sangue, homicídio), *ampliada* em relação à técnica (que opõe o 'crime' ao 'delito' e à 'contravenção', art. 1º CP, já citado, e *flutuante* de um autor a outro."

[106] A zona de estabilidade varia de sociedade a sociedade e pode variar de local a local dentro de um mesmo Estado. Isso naturalmente decorre das condições socioeconômicas.

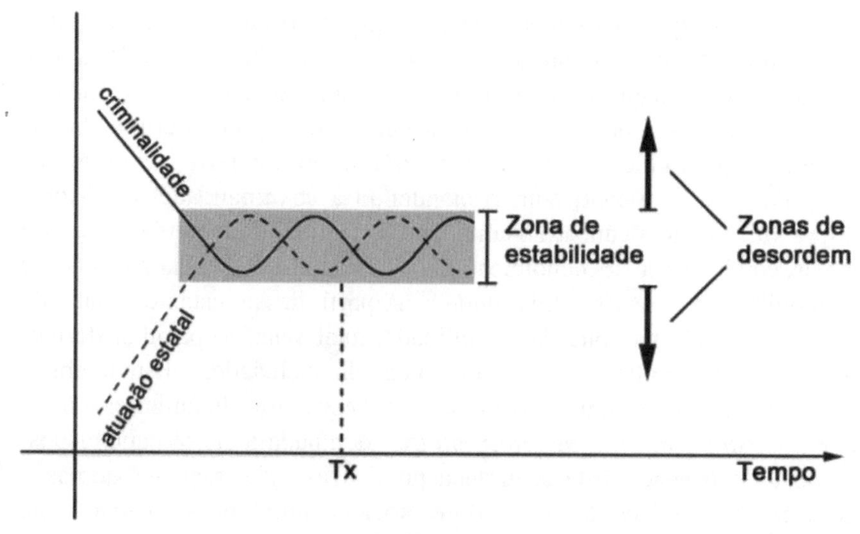

Gráfico n.º 01

Como se vê no gráfico, a ordem pública (conjugação da criminalidade com a atuação estatal) pode ser observada como um *processo contínuo*, isto é, o desenvolvimento temporal daquela conjugação em busca da manutenção do equilíbrio dinâmico, ou pode ser *pontuada*, determinada em certo momento (T*x*) da vida da sociedade. São duas percepções distintas. No primeiro caso, à segurança pública importa perceber a convivência social e a ordem pública, de forma que a criminalidade *flutue* na zona de estabilidade. É, portanto, uma visão contextualizada.

Já a visão pontual é uma percepção analítica ou reducionista, que permite conhecer, desconsiderada a variável temporal, se há extrapolação dos limites da zona de estabilidade, sem que se tenha, no entanto, um conhecimento da segurança pública como um todo, visto que não é uma abordagem contextual.

Essa visão pontual pode ser contextualizada se a ela forem atrelados conhecimentos do todo aplicáveis à parte. Essa visão reducionista é inquestionavelmente útil e às vezes necessária, mas não pode ser interpretada como explicação completa da segurança pública em estudo. É uma descrição limitada e aproximada da realidade embora, repita-se, útil porque interessa neste caso saber se a convivência social e a criminalidade estão além das fronteiras da zona de estabilidade e colocam-se nas *zonas de desordem*. A dimensão pontual, portanto, destaca 'ordem' como oposto a desordem e está indubitavelmente inserida no entendimento do que seja 'ordem pública'. No entanto, o significado de 'ordem pública' vai além dessa 'ordem' oposta a desordem já que é uma visão instantânea, pontual, de um *processo histórico* que é a 'ordem pública'. Se por um lado a segurança pública como um todo não pode ser entendida a partir do conhecimento da ordem pública ponto a ponto, por outro a ordem pública em determinado momento pode ser adequadamente avaliada – isto é, com boa aproximação – se for levado em consideração todo o contexto da segurança pública. A avaliação adequada possibilita que o Estado acione mecanismos emergenciais de modo a que a criminalidade retorne ao interior da zona de estabilidade.

Criminalidade evidentemente não é um conceito meramente quantitativo. A 'qualidade' dos crimes pesa sobre a criminalidade. Hipoteticamente, em regra, uma sociedade com nenhum homicídio mas com elevado número de furtos é uma sociedade cuja criminalidade é 'menor' que a de outra na qual há um número considerável de homicídios e poucos furtos, ainda que a soma destes dois últimos seja inferior ao total de furtos observados na primeira sociedade. Isso porque o homicídio representa risco maior para a convivência social. Por tanto, quando se fala em manter a ordem pública, ou seja, manter a criminalidade em patamar de equilíbrio com as condições socioeconômicas de uma sociedade, leva-se em conta não apenas aspectos quantitativos mas também qualitativos, de forma que a criminalidade é uma *variável ponderável*, isto é, a sua formação decorre da conjunção de elementos com *pesos* distintos.

A manutenção da ordem pública na zona de estabilidade implica que a *atuação estatal* não pode ultrapassar os *limites de tolerância* daquela zona, tanto no limite superior quanto no inferior. Salvo, como se verá, para a configuração de evoluções quantitativas e qualitativas da segurança pública (buscar essa evolução é obrigação do Estado). Se rompido o primeiro – o limite superior –, a atuação estatal implica em risco de insegurança jurídica aos membros da sociedade, o que pode provocar elevação da criminalidade, desta feita proporcionada pelo próprio Estado. Se isso ocorre, o uso legítimo da força pelo Estado é automaticamente convertido em ilegítimo vez que não mais serve à manutenção da ordem pública. Nesta circunstância, embora possa haver redução de algum tipo de crime pela ação excessiva do Estado, crescem, em tese, os crimes para tanto praticados por agentes estatais, sendo estes mais preocupantes porque têm maior *peso*, elevando, portanto, feitas as contas, a criminalidade.

Têm maior *peso* não apenas porque são manifestação do "Estado absoluto", expondo a risco a liberdade e o Estado democrático de direito, liberal, mas ainda porque não há como estabelecer um limite para a ação estatal desarrazoada, especialmente porque ocorre sob fachada da legalidade. Não se admite esse tipo de ação nem mesmo quando algum setor da sociedade seja claramente beneficiado já que um outro setor sempre sofrerá os prejuízos decorrentes da arbitrariedade. Enfim, o desequilíbrio causado pelo próprio Estado estabelece um dilema para o sistema de segurança pública na medida em que cabe ao Estado formular e implementar políticas de segurança pública que, como visto, visam a manutenção da ordem pública, ou seja, equilibrar a criminalidade na *zona de estabilidade*. Por isso, o Estado deve estabelecer na sua estrutura mecanismos rigorosos de prevenção e reação às ações criminosas de seus agentes que, dada a gravidade dessas condutas, merecem tratamento diferenciado se comparado ao indivíduo comum já que agem, não como cidadãos, mas como representantes do Estado.[107]

Obviamente, uma atuação estatal aquém do nível inferior da zona de estabilidade, também ocasiona elevação da criminalidade, pondo a convivência social em risco. Ou seja, ao Estado não são franqueadas ações excessivas, bem como não são admitidas a inércia e omissões. Ao agir costumeiramente numa ou noutra ponta, estará configurado o Estado pusilânime, incapaz de estabelecer políticas de segurança pública autênticas e de fazer uso de instrumentos que efetivamente operem a manutenção da ordem pública.

Não há que se pretender uma ordem pública perfeita, qual seja, livre de criminalidade. Tem-se que a segurança pública jamais será absoluta, e não apenas porque o Estado não pode ultrapassar o limite superior da zona de estabilidade social, já que isso se converte em criminalidade agravada, mas ainda porque nenhum Estado é capaz de aniquilar toda e qualquer prática criminosa, e porque nem todos os riscos são previsíveis, mesmo que se projete uma sociedade utópica na qual indicadores socioeconômicos sejam absolutamente ótimos.

Os *mecanismos internos de realimentação* são de duas ordens. Uma primeira diz respeito ao processo de variação oscilante da criminali-

---

[107] Política de segurança pública serve, como se verá, de contenção à atividade arbitrária e criminosa por parte do próprio Estado.

dade na *zona de estabilidade*. A uma tendência de aumento da criminalidade, há uma *reação* do Estado no sentido de intensificar a sua atuação. De igual maneira, quando há uma diminuição da criminalidade, por uma atuação excessiva do Estado, ocorre uma *reação* no sentido de reduzir a intervenção estatal. A atuação do Estado, tanto num quanto no outro sentido, também pode se dar de forma *preventiva*.

A segunda ordem de *mecanismos internos de realimentação* dá-se porque as relações entre os membros da sociedade, bem como a própria sociedade como um todo, não apenas se auto-mantém, auto-organizam, auto-preservam, mas ainda *evoluem*. Ocorre que a zona de estabilidade não é absoluta ou definitiva e poderá tender, de tempos em tempos, a evoluir no sentido da melhoria – ou da piora – das condições socioeconômicas. Nos chamados *pontos de mutação*, saltos quantitativos e qualitativos exigem uma nova forma de *funcionamento* da segurança pública, de maneira a que a criminalidade se ajuste ao novo patamar da zona de estabilidade das condições socioeconômicas.

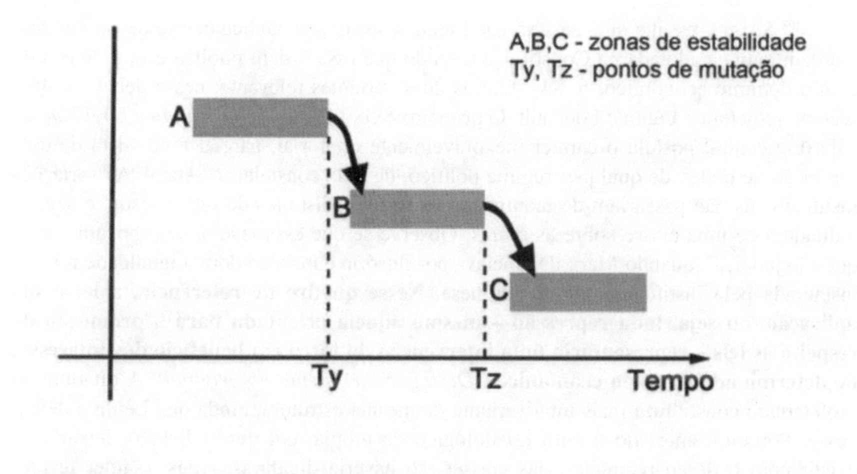

Gráfico n.º 02

Como se verá, por intermédio da política de segurança pública são viabilizados mecanismos internos de realimentação. Ou seja, através de política de segurança pública são criados meios para que a criminalidade mantenha-se na *zona de estabilidade*, bem como para que a sociedade dê saltos de qualidade e quantidade em sua segurança pública. O Estado, por seus órgãos, e a sociedade como um todo, compõem o sistema de segurança pública. Por isso, a política de segurança pública não é um instrumento externo. O sistema de segurança pública – o complexo das relações de toda ordem que diga respeito à manutenção da ordem pública sob o ponto de vista da criminalidade – é autolimitador, autoregulador e autoperpetuador. Mas esta não é uma visão de quem está fora do sistema, mas sim de um observador posto nele, agindo sobre o sistema e sofrendo as influências dele.

Ordem pública, como aqui concebida, e, consequentemente, segurança pública, independem de definições constitucionais e não estão atreladas a qualquer corrente ideológica. A manutenção de uma 'ordem', se definida constitucionalmente de forma que não identificada com o conceito de ordem pública, significa *segurança* que não se pode afirmar 'segurança pública' propriamente dita, ainda que a ela se dê essa denominação.[108] Correta seria outra designação tal como 'segurança coletiva'.

---

[108] SOARES ressalta que, na visão de Lênin, a segurança pública ocorre de acordo com a ordem pública adotada na Constituição, sendo que essa ordem pública estará de acordo com o domínio econômico, p. 84: "Outras duas vertentes relevante, nesse debate multissecular, remetem a Lênin e Foucault. O primeiro é como autor de *O Estado e a revolução*, cuja tese central postula o caráter inexoravelmente ditatorial, parcial e classista de toda formação de poder, de qualquer regime político, de toda constelação estatal. As variações institucionais não passariam de manifestações formais distintas de uma mesma essência: a ditadura de uma classe sobre as outras. Observe-se que essa tese já se esboçara em 'A questão judaica', quando Marx denunciava por ilusória e mascaradora a igualdade formal, instaurada pela institucionalidade burguesa. **Nesse quadro de referência, a lei e sua aplicação, ou seja, toda repressão – mesmo aquela orientada para a promoção do respeito às leis – representaria uma intervenção da força em benefício dos interesses de determinado domínio econômico**. (*Destaque inexistente no original*). A ditadura do proletariado constituiria mais uma variante da mesma estrutura, ainda que Lênin a defendesse. Portanto, antes do evento escatológico da utopia, em que o Estado deixaria de existir com o desaparecimento das classes, só haveria ditaduras. Aliás, o líder revolucionário soviético defendia a ditadura até mesmo em decorrência de sua suposta inevitabilidade: dada a premissa de que todo Estado, independentemente das aparências, seria ditatorial, preferia a ditadura dos proletários. Deduz-se que leninista tardio, cultor da ditadura 'revolucionária', considere o Estado democrático de nossos dias o império burguês sob disfarce constitucional e interprete a defesa das leis – vale dizer, a repressão policial legal – como o exercício armado e hostil do domínio de classe. Esse militante não admitiria a participação política como envolvimento com as instituições burguesas, muito menos governar sob a égide da legalidade burguesa, exercício que seria identificado com

Por outro lado, a *prestação da segurança pública* deve se dar, esta sim, de acordo com os princípios constitucionais e ser obediente à ordem jurídica, podendo a política de segurança pública sofrer influências e refletir uma ideologia.

Certo é que ordem pública não pode ser confundida com ordem jurídica, seja porque nem toda ordem jurídica se identifica com ordem pública, seja por que ordem jurídica é por vezes imprecisa, lacunosa e até mesmo contraditória, ainda que doutrinariamente contra isso se levantem argumentos, principalmente o de que ordem jurídica deva ser entendida como mais que ordem legal. Não bastasse isso, o caráter processual oscilante da manutenção da ordem pública, ou seja, da segurança pública, impossibilita, por inaplicabilidade de um determinismo, que ordem pública resulte de previsão legal. Como visto, a manutenção da ordem pública se dá numa *zona de estabilidade* que não é determinada juridicamente, mas sociologicamente. A *política* de manutenção da ordem pública e a sua *execução* é que são juridicizáveis.

I.3.1 – Segurança Cidadã e Ordem

A percepção reducionista limita ordem pública à concepção de oposição a desordem. Neste caso, além da segurança pública, tomada como manutenção da ordem, faz-se preciso conceber a incolumidade das pessoas e bens, normalmente denominada 'segurança cidadã'. A distinção

---

a gerência do domínio burguês. Nesse contexto, para esse agente político revolucionário, segurança pública seria o império por excelência da ditadura burguesa, assim como as polícias seriam reduzidas a braços armados dessa ditadura. Não é preciso dizer o que significaria 'repressão' nesse universo ideológico. Esse militante só admitiria a participação como oportunidade de sabotar o domínio burguês e preparar o assalto insurrecional ao 'Palácio de Inverno'."

Do nosso ponto de vista, não há que se falar aqui em 'segurança pública' ou em 'ordem pública'. A busca pela 'ordem' que interesse a alguém – que não a sociedade como um todo–, a um grupo, ou a um domínio econômico, pode ser chamada de 'repressão', de 'ação ou intervenção pela força', de 'promoção de respeito à lei', etc, seja como for, mas não de 'segurança pública', nos termos da linha teórica aqui concebida. A referência é Soares, Luiz Eduardo. Novas políticas de segurança pública. **Estudos Avançados**. v. 17, n. 47, 2003. Disponível em <http://jus2.uol.com.br/doutrina/texto.asp?id=4096 >. Acesso: dia mês 2007.

entre segurança pública e segurança cidadã se dá nesta dimensão reducionista. Lançando-se mão de ordem pública na dimensão ampla ou contextualizada aquela distinção inexiste, de modo que a segurança cidadã está incluída na segurança pública. A alteração de percepção provoca e explica desencontros doutrinários acerca de 'segurança pública' e 'segurança cidadã'. CUDOLÀ ressalta que, para alguns autores as noções de segurança pública e segurança cidadã seriam praticamente equivalentes. Ocorre que a noção de segurança pública é mais ampla que de segurança cidadã, o que corresponde a dizer que dentro da segurança pública estaria compreendida não somente a segurança cidadã mas ainda a proteção civil e a vigilância da paz pública. Ilustrando o posicionamento de equivalência entre as duas noções, CUDOLÀ menciona BELLOSO que atesta serem segurança pública e segurança cidadã expressões sinônimas, empregadas com o mesmo sentido na Constituição espanhola, havendo apenas uma ligeira diferença de matiz já que segurança cidadã parece referir mais diretamente à segurança de cada um dos cidadãos, evitando a idéia mais abstrata que as vezes se tem de 'público'. Já no outro sentido, isto é, o de que a noção de segurança pública é mais ampla, CUDOLÀ menciona BARCELONA LLOP a quem, entende, "conviene desgajar el concepto de seguridad ciudadana del de seguridad pública. El segundo designa [...] un ámbito material que no coincide siempre con la actividad de las Fuerzas y Cuerpos de Seguridad puesto que en él se incluyen cuestiones ajenas a ella. [...] Dicho de otra manera: si la seguridad pública desborda lo policial y la seguridad ciudadana se ciñe a lo policial, la segunda estará sin duda inserta en la primera, pero la primera desbordará los limites de la segunda para extenderse hacia otros ámbitos no propiamente policiales".[109]

---

[109] Na p. 50/51 de CUDOLÀ, Vicenç Aguado. **Derecho de la seguridad pública y privada**. Cizur Menor: Aranzadi, 2007. 233p.:

Ainda na p. 50, ao referir-se à legislação espanhola, em especial à Constituição:

"También cabe diferenciar entre seguridad ciudadana (art. 104 de la CE) y la seguridad personal (art. 17 de la CE). En el Voto particular que el magistrado C. DE LA VEGA BENAYAS formula respecto a la STC 341/1993, de 18 de noviembre, que resuelve el recurso de inconstitucionalidad contra la LOPSC, se formulan unas precisiones sobre el alcance de la noción de 'seguridad ciudadana':

'D) Eso no quiere decir que la expresión 'seguridad ciudadana' del art. 104 tenga el mismo significado que la dicción 'seguridad' del art. 17, puesto que es evidente que el primero (art. 104) se refiere a la seguridad u orden público y el segundo (art. 17) a la seguridad personal, individual, que nasce o se produce con el libre ejercicio de los

Quando a ordem pública é vista como a harmonização com as condições socioeconômicas, a sua manutenção inclui a proteção de bens e pessoas. É impossível haver segurança cidadã sem que haja ordem pública, bem como é inconcebível imaginar ordem pública sem que estejam respeitados bens e pessoas da sociedade.

A concepção de ordem pública oposta a 'desordem' sofre dos mesmos problemas quando se toma ordem pública como 'normalidade'. Enquanto os limites da 'ordem' são identificáveis pela *zona de estabilidade*, ainda que não precisamente, o mesmo não se diz a respeito de 'normalidade' dado o seu caráter de extrema subjetividade e imprecisão – normal nem sempre significa ser bom, desejável, adequado ou razoável, não havendo, ademais, parâmetro que estabeleça a transposição à anormalidade. De positivo nesta concepção, diferentemente de ordem em oposição a desordem, tem-se a idéia de processo e de continuidade, de modo que 'normalidade' está sempre amparada em alguma referência vivenciada. Aquilo que fuja a essa referência é anormal.

A concepção de ordem pública como paz é ainda mais imprecisa vez que desamparada de qualquer referência. Uma sociedade em paz não implica ser necessariamente uma sociedade livre na medida em que pode ser fruto de imposição. Uma sociedade em paz em que seus membros não usufruem de seus direitos básicos pode ser uma sociedade segura, mas definitivamente nela não há *segurança pública* na medida em que não se proporciona a liberdade.

---

derechos, con ausencia de temores o amenazas. La seguridad pública, el orden público, es el resultado, no el fin, del libre ejercicio de los derechos de todos y de su protección, en principio, por la Policía.

E) La seguridad ciudadana no es, pues, un derecho fundamental. Es una aspiración, un deseo social e individual, un resultado de la eficacia de la protección policial. En ningún caso un valor primero o superior porque, como decía ROUSSEAU, también se vive tranquilo en los calabozos. Lo importante, según esto, es que los calabozos estén ocupados por verdaderos culpables o al menos por ciudadanos con racional sospecha de haber cometido un injusto.'

Cabe, por tanto, destacar que la seguridad ciudadana constituye un bien constitucionalmente protegido que es el resultado del libre ejercicio de los derechos y libertades públicas. No puede identificarse con la libertad que el art. 17 de la CE consagra como un derecho fundamental. Es por ello que no puede situarse al mismo nivel que los derechos y libertades públicas que la CE reconoce, sino que la seguridad ciudadana habrá que interpretarse, precisamente, de conformidad con los mismos."

Identificar ordem pública com oposição a desordem, normalidade ou paz gera frustração na medida em que a 'manutenção da ordem pública' não acontece já que desordem, normalidade e paz não são conceitos precisos. Com isso, segurança pública não se firma. Considerar que segurança pública ideal seria aquela em que os ilícitos houvessem desaparecido também é insatisfatório. Naquele quadro em que os ilícitos não mais existissem haveria a segurança pública perfeita. Mas, postos os limites da realidade, a segurança pública *ideal* é aquela na qual a criminalidade é mantida na *zona de estabilidade*. Como sempre haverá criminalidade, qualquer que seja a sociedade, a segurança pública ideal jamais será perfeita, a não ser que como tal se tome a segurança pública na qual a criminalidade seja mantida no patamar da *zona de estabilidade*.

Realmente, a idéia de ordem pública como situação pacífica, isto é, isenta de ameaça de violência ou de sublevação que possa produzir a prática de crimes, não prevalece porque, se todas as sociedades têm crimes, então não há sociedade em ordem pública. E, se não há sociedade em ordem pública, não há que se falar em segurança pública. De fato, para que algo seja mantido – no caso, a ordem pública – é preciso que esse algo exista, afinal, não se mantém o inexistente.

Ao se falar em segurança pública, não se pode postular o afastamento de todo perigo ou de todo mal que possa afetar a ordem pública. Segurança pública implica manutenção da ordem e pode-se afirmar que ela existe mesmo quando nem todo perigo ou mal tenha sido afastado, desde que este perigo ou mal, compondo o que denomina criminalidade, esteja na *zona de estabilidade*.

Não se concebe que ordem pública seja uma noção que só possa ser nacional porque varia no tempo e no espaço, de país para país, e até mesmo em um país de uma época para outra. O conceito de ordem pública é único e não varia no tempo ou no espaço. Ordem pública tem o mesmo significado em qualquer país, em qualquer época. O que variam são as condições socioeconômicas que definem a *zona de estabilidade*, mas ordem pública, conceitualmente falando, é uma só.

Finalmente, há que se reafirmar que ordem pública não pode ser confundida com ordem jurídica e nem é esta que define a ordem pública em um país. Fossem ordem pública e ordem jurídica a mesma coisa, por um lado teríamos que a noção de ordem pública seria uma só em qualquer país, o que seria positivo sob o ponto de vista conceitual. Mas, por outro lado, teríamos de enfrentar o absurdo de se ter segurança pública como manutenção de uma ordem jurídica fruto de regimes autoritários que desrespeitem as liberdades dos cidadãos, entre elas as que decorrem das seguranças jurídica e material.

A imposição de que ordem pública é igual a ordem jurídica desde que esta ordem jurídica decorra de um processo democrático num Estado de direito não é satisfatória porque insuficiente. Isto é, não é satisfatória porque Estados democráticos de direito podem ter elevados déficits socioeconômicos e altos índices de criminalidade, resultando a manutenção da ordem pública num processo de perpetuação de insegurança pública. Ou seja, neste caso, para ordem pública igual a ordem jurídica depararíamos com a falta de parâmetros práticos para uma ação concreta do Estado que garantisse seguranças jurídica e material na forma de liberdade possível aos indivíduos.

Se ordem pública não é estabelecida pelo ordenamento jurídico, questiona-se se há, e em que medida, importância do direito para a segurança pública.

I.4 – Segurança Pública e Direito

O direito à segurança está presente nas quatro *gerações* ou *ondas* de direitos.[110] Nos direitos individuais e da liberdade, faz-se notar nos direitos sociais e da igualdade, alcança os direitos dos povos e da solidariedade, e vai até os direitos à vida numa dimensão planetária ou universal.[111]

---

[110] O direito de todos à segurança é um dos direitos fundamentais. Montesquieu o enfatiza no *Espírito das Leis* (Livro XI, Cap. VI); o art. 2º da Declaração de 1798 o consagra.

[111] P. 78 de SANTIN, Valter Foleto. **Controle judicial da segurança pública**: eficiência do serviço na prevenção e repressão ao crime. São Paulo: Ed. Revista dos Tribunais, 2004. 286p.

Na p. 77, tem-se o seguinte: "na primeira geração de direitos, a primeira onda, ligada a dois diplomas legais tradicionais, a Declaração da Virgínia (1776) e a Declaração dos Direitos do Homem (1789), apareceram os direitos da liberdade, igualdade, segurança, propriedade, direito de voto e direitos individuais (direitos individuais e da liberdade). O direito à segurança aparece expressamente nos principais documentos normativos caracterizadores da época".

E continua na p. 77: "Na segunda geração (Constituição Mexicana, de 1917, e Constituição Russa, de 1919), são destacados os direitos sociais, relações trabalhistas,

O mais elementar dos direitos do homem é a liberdade para se autopreservar, utilizando da força sobre tudo e sobre todos para sobreviver. Liberdade, diz DELMAS-MARTY, "é aquilo que dá ao homem sua qualidade de ser humano, aquilo que o instaura como humanidade".[112] No entanto, a liberdade desmedida gera insegurança e coloca em risco a sobrevivência da sociedade que, por isso, estabelece uma *zona de estabilidade* dentro da qual a criminalidade oscila. A liberdade necessária ao homem, que é aquela que está em algum ponto entre a liberdade absoluta e a completa ausência de liberdade, ocorre quando se garante a manutenção da ordem pública nos limites da *zona de estabilidade.*

É dever do Estado manter a criminalidade em nível compatível com as condições socioeconômicas, não menos que isso. Por outro lado, o Estado também não está obrigado e não pode discursar um compromisso de aniquilamento da criminalidade. Tal contenção freia arbitrariedades e riscos de abalos à segurança jurídica e material da sociedade.[113]

Segurança pública e liberdade andam juntas de forma tal que a garantia da primeira é a certeza de que a outra se efetiva. Segurança pública e liberdade, no entanto, não surgem e não se garantem por si sós. O direito é ferramenta que reconhece, sem estabelecer, os marcos – máximo e mínimo – que necessitam ser respeitados pelo Estado, e oferece técnicas jurídicas próprias para que segurança pública e liberdade, através da atuação do Estado[114] ou de particulares, aprimorem-se e evoluam a

---

educação, direitos econômicos e culturais. Obviamente a segurança pública continua presente, por sua integração como direito social, natural decorrência do 'armamento dos trabalhadores' e a formação do 'Exército Vermelho' (Capítulo II, 5º, da Declaração dos Direitos do Povo Trabalhador e Explorado, de 1919, na Rússia)."

Vai além na p. 78: "Na terceira geração (Declaração Universal dos Direitos Humanos, de 1948, e Pactos Internacionais), aparecem os direitos dos povos e da solidariedade (paz, autodeterminação e desenvolvimento) e os direitos coletivos e difusos (consumidor, meio ambiente e criança). [...] Na quarta geração, de característica incipiente e recente, a preocupação é com o futuro: direito das gerações futuras, direito à vida saudável e em harmonia com a natureza, cujas facetas são desenvolvimento sustentável, manipulação genética, bioética, biotecnologia e bioengenharia, direitos advindos da realidade virtual."

[112] P. 45 de DELMAS-MARTY, Mireille. **Os grandes sistemas de política criminal**. Barueri: Manole, 2004. 562p.

[113] Ver Capítulo I, item I.3.

[114] Ver Capítulo III.

estados melhor qualificados. O direito integra e harmoniza a segurança pública, nas suas diversas dimensões, e vai além da mera garantia de segurança individualizada, cumprindo função instrumental, finalidade específica de efetivar a manutenção da ordem pública, seja qual for o conceito de segurança pública que se adote.

CAPÍTULO II
Direito de Segurança Pública

II.1 - Conceito

Segurança pública implica duas naturezas de ações: uma essencialmente *política*, consistente em estabelecer metas a serem alcançadas de forma tal que a sociedade, sob o ângulo da criminalidade, esteja no seu equilíbrio dinâmico de convivência, isto é, a manutenção da sua 'ordem pública'[115]; outra, de natureza *executória*, concretizando os procedimentos para alcance das metas.[116]

---

[115] CUDOLÀ, Vicenç Aguado. **Derecho de la seguridad pública y privada**. Cizur Menor: Aranzadi, 2007. 233p.

No pé de página n. 64, da p. 54, lê-se:

"Según señala A. FABREGAT DÍAZ: 'Lo que hoy en día encontramos en falta es que defina el contenido del servivio público de la seguridad y el nível de prestación que pueden exigir los ciudadanos. Hablar de standards de seguridad, de ratios, de efectividad, entre otras cuestiones. Y no me refiero a lo que se ha venido a denominar 'cartas de servivio' de unos concretos apartados administrativos, sino a abordar con detenimiento a la seguridad pública como una política más. [...] Mientras no exista un auténtico desarrollo de lo que se entiende por 'derecho a la seguridad', dificilmente nos podremos de acuerdo en qué tareas competen a uno u otro cuerpo y siempre en la clave resultante del juego de tres administraciones que concurren: estatal, autonómica y local." A citação é de 'La coordinación policial en Cataluña' In: PANIAGUA, Linde et al. **La coordinación de las policías**. Ed. UNED, CCOO y Colex, Madrid, 2003, p. 255.

[116] Na p. 86 de SANTIN, Valter Foleto. **Controle judicial da segurança pública**: eficiência do serviço na prevenção e repressão ao crime. São Paulo: Ed. Revista dos Tribunais, 2004. 286p., diz o autor que "as normas que tratam da segurança pública têm funções de resguardo e de bloqueio, não de mera função programática". Do nosso ponto de vista, as normas com funções programáticas pertencem ao campo do Direito de Segurança Pública e são importantes tanto quanto as com funções de resguardo e de bloqueio. Estes, contudo, devem se adequar a aqueles.

A política de segurança pública é exclusivamente estatal, ou seja, é o Estado quem a define e elabora, ao passo que as ações de execução podem ser desempenhadas pelo Estado ou, mediante mecanismos de controle deste, pelo setor privado. A política de segurança pública tem como destinatário o próprio Estado e o particular, ou seja, alcança a todos e é compreendida como o conjunto de medidas que, se efetivadas, atendem à necessidade de segurança da sociedade para uma convivência estável. Em face da sua relevância, a política é revestida juridicamente para impor o seu caráter cogente e evitar desvirtuamentos promovidos pelo próprio Estado através da prática arbitrária do poder.

As políticas públicas, incluída a política de segurança pública, não são estranhas ao direito. "As políticas, diz BUCCI, são uma evolução em relação à idéia de lei em sentido formal, assim como esta foi uma evolução em relação ao *government by men*, anterior ao constitucionalismo".[117] A introdução das políticas públicas no direito, ou o avanço deste sobre elas, representa a superação da concepção da norma geral e abstrata e significa, não o abandono do esquema normativo do tipo 'se-então', mas a adoção de um esquema 'fim-meio'.[118] A introdução da política de se-

---

[117] P. 252 de BUCCI, Maria Paula Dallari. Políticas públicas e direito administrativo. **Direito administrativo e políticas públicas**. São Paulo: Saraiva, 2002. p. 241-278. A autora dá uma idéia da evolução: Na página 246, "o paradigma do direito liberal do século XIX, baseado na norma geral e abstrata, na separação de poderes, na distinção entre direito público e direito privado, típicos do Estado moderno, na denominação de Charles-albert Morand, dá lugar a uma sucessão de modelos de Estado que se caracterizam por diferentes graus e modos de intervenção sobre as esferas privadas. Morand refere-se a: um direito do Estado-providência, baseado na idéia de prestações do Estado (serviços públicos); um direito do Estado propulsivo, centrado nos programas finalísticos; um direito do Estado reflexivo, cuja expressão são programas relacionais; e finalmente um direito do Estado incitador, fundado em atos incitadores, que combinam norma e persuasão. Evidentemente, não há um corte temporal separando nitidamente essas fases; o que há são técnicas de intervenção jurídica que vão sendo criadas e modificadas, a ponto de caracterizar novos padrões qualitativos da relação entre Estado e a sociedade. Essas diferentes técnicas convivem no tempo, sem nunca chegarem a afastar o paradigma da norma geral e abstrata, a qual, mesmo criticada e contestada, cercada de novas manifestações do fenômeno jurídico, ainda permanece como o grande elemento de identidade do sistema jurídico."

[118] P. 253/254 de BUCCI, Maria Paula Dallari. Políticas públicas e direito administrativo. **Direito administrativo e políticas públicas**. São Paulo: Saraiva, 2002. p. 241-278, em referência a Danièle Bourcier, Modéliser la decision administrative. Réflexions sur quelques paradigmes, in **Le droit administratif en mutation**, org. Jacques Chevalier, Paris, PUF, 1993, p. 258.

gurança pública como programa de ação no mundo do direito público supera a concepção da norma de segurança pública geral e abstrata. Na medida em que o Estado adota uma política de segurança pública, tão importante quanto as normas gerais e abstratas que garantem a segurança pública, é a política – juridicamente instrumentada – que a concretiza, afirma e a aprimora.[119] Norma e política importam ao direito, tendo a primeira, se isoladamente tomada, um sentido estático – garante-se o que é –, ao passo que a política tem um componente dinâmico de transformação decorrente da constante busca do aprimoramento daquilo que hoje é protegido. A política importa ao direito de várias formas, entre elas definindo o conteúdo do conjunto de normas que realmente traduzam os interesses da sociedade – fins a serem alcançados –, de modo que a política alimenta o direito, enquanto o direito dá a necessária roupagem jurídica à política de forma a que ela se efetive.

É certo que uma norma individualmente considerada, embora podendo garantir um direito, não revela a política que há por detrás do corpo de onde ela se origina, fazendo-se preciso contextualizá-la. Se a sociedade toma a liberdade como foco, aquela norma pode dizer respeito à política de segurança pública na forma de direito dinamizado como instrumento de governo. Ultrapassando as visões tradicionais de organização e de ordenação, normas dessa natureza, melhor designadas 'normas-objetivo'[120], têm em vista a implementação da política de segurança pública e compõem um ramo do direito que se diferencia das disciplinas tradicionais adotando método de avaliação e classificação jurídica inconfundível. É o Direito de Segurança Pública, disciplina que sistematiza as normas jurídicas referentes aos fenômenos vinculados a ações estatais de implementação de políticas de segurança pública.

---

[119] Na sua crítica ao positivismo, DWORKIN (DWORKIN, Ronald. **Levando os direitos a sério**. São Paulo: Martins Fontes, 2007. 568p.), p. 36, argumenta que aquele "é um modelo de e para um sistema de regras e que sua noção central de um único teste fundamental para o direito nos força a ignorar os papéis importantes desempenhados pelos padrões que não são regras". O autor toma a 'política' como um desses padrões, definindo-a como "aquele tipo de padrão que estabelece um objetivo a ser alcançado, em geral uma melhoria em algum aspecto econômico, político ou social da comunidade (ainda que certos objetivos sejam negativos pelo fato de estipularem que algum estado atual deve ser protegido contra mudanças adversas)".

[120] SOUZA, Washington Peluso Albino de. **Primeiras linhas de direito econômico**. São Paulo: LTr, 2005. 603p. p. 25/26.

O Direito de Segurança Pública, pois, é o *tratamento jurídico que se dá à política de segurança pública.*[121] É o conjunto normativo e principiológico que formata juridicamente as políticas de segurança pública do Estado. Cabe ao Direito de Segurança Pública identificar as áreas de atuação do Estado na segurança pública e fazer uso de uma metodologia de jurisdicização da política de segurança pública, viabilizando o melhor ajuste da norma à realidade da segurança pública; a investigação crítica do direito positivado; e, ainda, o aprimoramento da lei.

São da essência do Direito de Segurança Pública o conhecimento acerca de 'política de segurança pública'; a atuação do Estado na Segurança Pública; uma metodologia de jurisdicização; e, finalmente, a sua autonomia.

Há que se fazer uma distinção de quatro expressões: 'direito *a* segurança pública'; 'direito *à* segurança pública'; 'direito *da* segurança pública'; e 'Direito *de* Segurança Pública'. 'Direito *a* segurança pública': é o direito básico dos indivíduos de, postos no contexto social, sentirem-se seguros e exercerem a sua liberdade e que tem duas vertentes: a segurança *jurídica* e a segurança *material.*

'Direito *à* segurança pública' diz respeito ao direito de qualquer indivíduo e de toda a sociedade exigirem do Estado que os serviços de segurança pública lhes sejam oferecidos e efetivamente prestados. Desnecessário esclarecer tais serviços sejam eficientes, suficientes e eficazes vez que são pressuposições de qualquer serviço público.

'Direito *da* segurança pública', por sua vez, é todo o direito que trata da questão segurança pública. Não importa a natureza ou origem desse direito. Basta que se refira a segurança pública. Exemplo: normas do direito administrativo voltadas à segurança pública; normas do direito penal, genericamente consideradas; as próprias normas do Direito de Segurança Pública, etc. Direito *da* Segurança Pública é o estudo pluridisciplinar da segurança pública como resultado do rompimento dos compartimentos estanques que, aos olhares de alguns, isolam os diversos ramos do direito. A pluridisciplinaridade aplicada à segurança pública representa a consciência de que esses ramos são parte de um conjunto – sistema jurídico da segurança pública – que é, na verdade, uno.

---

[121] Já o Direito Administrativo, ou mais especificamente o Direito Administrativo da Segurança Pública, caso se queira especificar, cuida do universo jurídico das ações executivas de segurança pública do Estado, nelas incluídas as normas de fiscalização e controle da atuação privada no âmbito da segurança. Ver Capítulo III, item III.2.1.

Já o Direito *de* Segurança Pública identifica-se com as normas e princípios jurídicos de políticas de segurança pública e é um *ramo* do direito por dispor de 'sujeito', 'objeto', 'normas' e 'campo' próprios que não permitem confundi-lo com os demais ramos. Como ramo do direito, destaca-se dos demais, embora com estes componha em harmonia. O Direito de Segurança Pública tem como finalidade regular e instrumentalizar juridicamente a ação de implementação da política de segurança do Estado. Assim, genericamente as normas do Direito de Segurança Pública têm conteúdo de segurança pública e, essencialmente, de *política de segurança pública*, especificidade que as diferenciam.

O Direito de Segurança Pública partilha explicitamente com a sociologia o estudo da criminalidade conjugado com o das demais condições sociais de formação e exercício da liberdade. Como disciplina normativa atenta às variações resultantes daquele estudo, o Direito de Segurança Pública é o conjunto móvel, flexível e revisável de normas que assegura a manutenção da 'ordem pública', tomada esta numa concepção dinâmica e sob o ângulo da criminalidade. É, pois, uma nova ótica, uma nova maneira de visualizar o direito.

O Direito de Segurança Pública existe independentemente do conceito de 'ordem pública' adotado dentre os vários encontrados na doutrina.[122] Isso porque o Direito de Segurança Pública trata das normas referentes à *política de segurança pública* que, por sua vez, estabelece a atuação estatal. Apenas a *atuação* é alterada de acordo com o que se entenda por 'ordem pública', e pode ser de dois tipos: escolha do tipo de atuação, ou intensidade e formato da atuação. Ou seja, o Direito de Segurança Pública é útil qualquer que seja a concepção de 'ordem pública' eleita, qualquer que seja o conceito de 'segurança pública'.

O Direito de Segurança Pública é mais que um ângulo de estudo dos fenômenos ligados a segurança pública. Também não tem como finalidade colocar-se acima da estrutura dogmática e formal das outras disciplinas para apenas dar a elas configuração teleológica e prática. Os ramos tradicionais do direito não tratam da *política de segurança pública* – a deixam desassistida –, embora não se duvide da sua importância. Estabelecida uma política de segurança pública, cumprirá ao Direito de Segurança Pública instrumentá-la juridicamente de forma que se implemente e alcance os seus objetivos mediante atuação direta ou indireta do

---

[122] Ver Capítulo I, item I.2.

Estado. Tem-se, pois, a política de segurança pública como o objeto específico do Direito de Segurança Pública.

O alcance, a manutenção e a evolução da ordem pública são o fim a ser alcançado através da política de segurança pública. Esta deve ser vista, política pública que é, como processo ou conjunto de processos que culmina na escolha racional e coletiva de prioridades.[123] Tais prioridades são tomadas como interesses públicos a serem reconhecidos pelo direito. Ou, como afirma DAL BOSCO, a política "se caracteriza como um processo de escolha dos meios para se atingir os objetivos de uma administração, envolvendo a participação de agentes públicos e privados, ainda que esteja materializada através de um plano de ações, que tem a lei como instrumento normativo".[124] Aqui se faz presente o Direito de Segurança Pública.

---

[123] Ver p. 264 de BUCCI, Maria Paula Dallari. Políticas públicas e direito administrativo. **Direito administrativo e políticas públicas**. São Paulo: Saraiva, 2002. p. 241-278, a autora trata das políticas públicas como processo de definição dos fins da ação pública. Oportunamente a autora esclarece o que é 'processo' em comparação ao que seja 'procedimento': "Procedimento é o 'sistema de atos interligados numa relação de dependência sucessiva e unificados pela finalidade comum de preparar o ato final de consumação do exercício do poder' (Cândido Rangel Dinamarco, *A instrumentalidade do processo*). Processo, por sua vez, é 'o procedimento em contraditório (Antônio Carlos de Araújo Cintra, Ada Pellegrini Grinover e Cândido Rangel Dinamarco, *Teoria geral do processo*, São Paulo, Malheiros Ed., 1993)". Valendo-se de Odete Medauar (*Direito administrativo moderno*. 4. ed. São Paulo: Revista dos Tribunais, 2000, p. 194-200), afirma Bucci que "No processo explicitam-se e contrapõem-se os direitos, deveres, ônus e faculdades dos vários interessados na atuação administrativa, além da própria Administração", p. 264.

P. 348 de CÂMARA, Paulo Sette. Defesa social e segurança pública. In: LEAL, César Barros; PIEDADE JÚNIOR, Heitor (coord.). **A violência multifacetada**: estudos sobre a violência e a segurança pública. Belo Horizonte: Del Rey, 2003. p. 343-359.: "Uma política pública deriva, forçosamente, do próprio pacto social que reúne as pessoas numa organização social. Ela é feita de opções que resultam em diretrizes, em prioridades e, finalmente, em normas legais ou consensuais. Como em todos os produtos de uma sociedade complexa, uma política pública se organiza no bojo mesmo das pressões da vida em sociedade e se constrói em produtos do confronto dessas pressões: minorias e maiorias, interesses de várias ordens (inclusive os corporativos). A diferença está em que, quando há consciência de que se constrói uma política pública há objetivos claros a serem alcançados e um rumo definido; o que não acontece quando os confrontos e pressões são resolvidos de maneira pontual, na filosofia do *laissez-faire*, ou, mais modernamente, 'de acordo com o comportamento do mercado', para usar uma analogia hoje tão em voga."

[124] P. 246/247 de DAL BOSCO, Maria Goretti. **Discricionariedade em políticas públicas**: um olhar garantista da aplicação da lei de improbidade administrativa. Curitiba: Juruá Editora, 2007. 479p.

As normas do Direito de Segurança Pública são, pois, aquelas que se referem à política de segurança pública, estando nelas estabelecidas a forma pela qual aquela política se efetivará. Afirmam-se, como dito, como normas-objetivo.

Os sujeitos do Direito de Segurança Pública são todos aqueles que de alguma forma participam, ativa ou passivamente, da implementação da política de segurança pública juridicamente abordada, da sua formulação à execução de ações de concretização. Assim, o próprio Estado, em quaisquer de suas esferas administrativas e de poder, é sujeito do Direito de Segurança Pública, tendo em sua companhia o particular, pessoas físicas e jurídicas, entidades não-governamentais, etc. O Direito de Segurança Pública organiza, harmoniza e estabelece instrumentos com os quais a prática destes sujeitos seja viabilizada visando a concretização da política de segurança pública.

II.2 – Política de Segurança Pública

II.2.1 – Das Tribos ao Estado

Combater a criminalidade, em especial a criminalidade violenta, implica o uso de mecanismos igualmente violentos, de modo que, na essência, o ato de quem pratica a violência e o ato de quem a combate não se diferenciam. Distinção ocorre na finalidade de quem atua. O crime se dá em nome e a favor dos interesses de um indivíduo ou de um grupo, enquanto o combate ao crime protege os interesses da coletividade, mais especificamente a sobrevivência da sociedade livre. Contrapõem-se violência marginal, tida por alguns como componente da natureza humana[125], e violência autorizada, dita organizada ou admitida, polarização

[125] SOARES, Luiz Eduardo. Novas políticas de segurança pública. **Estudos Avançados**. v. 17, n. 47, 2003. Disponível em <http://jus2.uol.com.br/doutrina/texto.asp?id=4096 >. Acesso: dia mês 2007.

Na p. 84: "No início do século XX, Sigmund Freud, em seu clássico ensaio *Mal-estar na civilização*, referia-se ao caráter eminentemente repressor do processo civilizador, que afastava os humanos de sua natureza animal, na medida em que inibia seus impulsos primitivos, canalizando suas pulsões e criando mecanismos de sublimação,

que se enraíza através do processo civilizador desde as tribos e se estabelece em definitivo com a constituição dos Estados.[126]

Historicamente, a violência admitida é exercida pelo poder político quaisquer que sejam a dimensão e a complexidade do grupo social[127] e

---

compatíveis com a assimilação progressiva e a difusão das disciplinas necessárias à vida coletiva pacífica. A cultura e a sociedade seriam tributárias da repressão. Em meados do século XX, Claude Lévi-Strauss em sua obra-prima *Estruturas elementares do parentesco*, reescreveu os fundamentos da antropologia, redefinindo o papel da interdição, mas reiterando seu papel estratégico na gênese da cultura e da sociabilidade. Ao longo da segunda metade do mesmo século, Noberto Elias descreveu o processo civilizatório como o progressivo deslocamento das armas e dos meios de força para o Estado, que se constituiria concentrando-os com exclusividade. Nesse contexto, a repressão surge como a atividade estatal por excelência, correspondente à inibição da violência generalizada e difusa, cujas implicações fragmentárias impediam o desenvolvimento da economia e a expansão do controle democrático sobre os poderes, nas mais diversas esferas. A prática dos exércitos feudais e das milícias privadas dificilmente poderia ser confundida com o sentido moderno da categoria repressão, pois representava a afirmação de uma força segmentar. Quando os exércitos feudais e as milícias privadas cedem lugar, na Inglaterra, no início do século XVIII, ao primeiro embrião do que mais tarde se denominaria força policial, a sociedade amplia o exercício da participação cívica e política, na mesma medida em que a lei se universaliza, em sua aplicação, e se liberta dos despotismos feudais e absolutistas, em sua elaboração. Quando as primeiras experiências timidamente democráticas se instalam na Europa, com as revoluções burguesas, a repressão assume seu sentido contemporâneo, associado à universalidade da lei e à legitimidade institucional do poder, cujos sentidos têm se aproximado, progressivamente, dos princípios que efetivamente regem as idéias de equidade e liberdade, graças a séculos de lutas sociais."

[126] McNeil, Willian H. As gangues de rua são uma antiga herança da civilização. In: Oliveira, Nilson Vieira (Org.). **Insegurança Pública**: reflexões sobre a criminalidade e a violência urbana. São Paulo: Nova Alexandria, 2002. p. 11-31.

Diz o autor que, meio a uma imensa variedade de comportamentos locais, três foram as formas básicas pelas quais os seres humanos tentaram organizar e controlar a violência no passado: pela ordem, "a primeira foi por meio da ação comunitária local. A segunda foi com o governo burocratizado em sociedades mais complexas, e a terceira, com a criação do moderno estado-nação.", p. 18.

[127] Santin, Valter Foleto. **Controle judicial da segurança pública**: eficiência do serviço na prevenção e repressão ao crime. São Paulo: Ed. Revista dos Tribunais, 2004. 286p.

Diz Santin, na p. 76, que "o Direito à segurança pública sempre esteve presente na história da humanidade, tanto nas fases de tribos, cidades, impérios, reinos e sociedade como no Estado moderno, pelo fornecimento de proteção ao povo para a garantia da paz e tranqüilidade da convivência social, especialmente o direito de propriedade e da inco-

pode assumir variados formatos para a oposição ao perigo interno e externo. Nos pequenos grupos autônomos ou tribos, mesmo se tomados como minimamente organizados ou complexos, típicos – mas não exclusivos – do período pré-histórico, o indivíduo conta com a ajuda de parentes ou de vizinhos para a preservação da sua vida e da vida dos seus. Não apenas isso, também se quer a mútua manutenção das propriedades. Há o estabelecimento de uma espécie de rede de aliados, e o alvo é o invasor externo, não se afastando a hipótese de controle do indivíduo da própria comunidade tido como turbulento.[128]

A chamada *proteção próxima*[129] decorre do domínio dos laços familiares, das linhagens e dos grupos de vizinhança, e depende especialmente

---

lumidade pessoal, por meio da atuação da polícia ou guarda similar. O poder político deteve e detém uma instituição organizada e armada para a imposição da obrigação de obediência às normas pelo indivíduo, prevenção e repressão ao crime e conservação da ordem pública, por meio da violência legal, sob a égide do direito peculiar a cada época."

[128] MCNEIL, Willian H. As gangues de rua são uma antiga herança da civilização. In: OLIVEIRA, Nilson Vieira (Org.). **Insegurança Pública**: reflexões sobre a criminalidade e a violência urbana. São Paulo: Nova Alexandria, 2002. p. 18.

CASTEL (CASTEL, Robert. **A insegurança social**: o que é ser protegido? Petrópolis: Vozes, 2005. 95p.) destaca que a *insegurança interna* é trazida pelos indivíduos e grupos que se desligaram dos sistemas de dependência-proteção comunitária." P. 14 Este perigo estava representado na figura do vagabundo, "isto é, do indivíduo desfiliado por excelência, ao mesmo tempo sem inscrição territorial e sem trabalho. O caso do vagabundo foi a grande questão social dessas sociedades", alcançando as sociedades pré-industriais européias. P. 14. O vagabundo era "sempre percebido como potencialmente ameaçador, e suas variantes abertamente perigosas, como o ladrão, o bandido, o *outlaw* – todos eles indivíduos sem laços que representam um risco de agressão física e de dissociação social, porque existem e agem fora de todo sistema de normas coletivas."p. 14.

[129] CASTEL, Robert. **A insegurança social**: o que é ser protegido? Petrópolis: Vozes, 2005. P. 13.

Diz o autor, ao tratar das diferentes configurações históricas da insegurança: "pré--modernas": "quando dominam os laços que unem a família, a linhagem e os grupos de vizinhança, e quando o indivíduo é definido pelo lugar que ocupa numa ordem hierárquica, a segurança é garantida no essencial com base na pertença direta de uma comunidade e depende da força desses vínculos comunitários." P. 13. Fala-se, então, de *"proteção próxima"*. Seriam, sob o ponto de vista das comunidades camponesas, as chamadas por Georges Duby como *sociedades enquadradas, asseguradas, ricas*. "Paralelamente, na cidade, a pertença a grupos de profissionais (guildas, jurandos, corporações) inscreve seus membros em sistemas fortes ao mesmo tempo de disciplina e de proteção que garantem sua segurança ao preço de sua dependência em relação ao grupo de pertença." P. 13

dos vínculos que o pretenso protegido desenvolve na comunidade[130], normalmente definidos pela ocupação na ordem hierárquica local.

A união de parentes e vizinhos para o fortalecimento de suas defesas está de alguma forma vinculada ao surgimento das cidades[131], centros de diferentes ocupações e de trocas de bens e mercadorias. A reunião de pessoas em números relativamente consideráveis torna evidente que o modelo de proteção adotado nas comunidades primárias é insatisfatório ao estabelecimento de uma nova forma de necessidade de segurança, sobretudo em face da truculência interna. Inventa-se o governo burocratizado que, por sua vez, passa a deter, em caráter de superioridade, grupos armados – normalmente mal treinados e compostos por amadores ou

---

[130] Ariès, Philippe; Duby, Georges. Fragilidade do homem sozinho. In: ___. **História da vida privada**: do Império Romano ao ano mil. São Paulo: Companhia das Letras, 1989.Vol 1, p. 420-426.

Os autores ressaltam a ação protetiva da igreja no século IX. Descrevendo o cenário das dificuldades enfrentadas por aqueles que optavam por uma vida isolada (heremita), dizem os autores: "Melhor era abrigar a própria fragilidade nos espaços fechados que a Igreja procurava oferecer aos 'pobres', ou seja, àqueles que não contavam com protetores bem situados, para escapar ou às conseqüências de um crime ou a uma falsa acusação. Os miseráveis podiam encontrar refúgio junto a cada igreja, catedral ou paróquia rural, inscrevendo-se numa lista, a matrícula, que lhe assegurava casa e comida junto a uma dúzia (quantidade simbólica) de outros companheiros de infortúnio. O escravo fugitivo, o assassino emperdenido, a mulher abandonada podiam se refugiar no território de asilo que constituía o 'adro' dos santuários, quer dizer, uma tríplice galeria com as colunas junto à fachada ocidental das igrejas. Esses perímetros eram sagrados, portanto invioláveis, porque eram terras do santo patrono. Autênticas zonas francas acolhiam sem distinção famílias inteiras, lamentáveis farrapos humanos e crápulas declarados num verdadeiro pandemônio de vagabundos." P. 421

[131] Mcneil, Willian H. As gangues de rua são uma antiga herança da civilização. In: Oliveira, Nilson Vieira (Org.). **Insegurança Pública**: reflexões sobre a criminalidade e a violência urbana. São Paulo: Nova Alexandria, 2002. p. 11-31.

"Cidades-estados da Grécia clássica, por exemplo. Alguns outros casos podem ser identificados como o norte da Índia, à época de Buda, ou os cantões suíços, durante o século treze." P. 17.

Segundo Matos, Luís Salgado. Segurança. In: **Dicionário de filosofia moral e política**. Lisboa: Universidade Nova de Lisboa. Disponível em: <http://www.ifl.pt/main/Portals/0/dic/seguranca.pdf>. Acesso em 13 jan. 2009., a segurança, no entanto, foi conceitualmente ignorada na filosofia greco-romana visto que era uma consequência da organização política: a *polis* era pacífica internamente e da paz resultava a segurança.

semi-amadores[132] – para o exercício da segurança dentro de limites territoriais estabelecidos.[133] Produzindo quase tudo de que necessitam, as comunidades rurais possuem traços de autonomia. A certa autosuficiência, por sua vez, acarreta isolamento, fato que, sempre sujeitas aos ataques de grupos armados, revela a fragilidade dessas comunidades. É constante o perigo de incêndios e destruição daquilo que não é levado pelos saqueadores. A autodefesa é precária. Preferível, então, dar porção mais ou menos fixa do colhido ao príncipe para escapar dos riscos de destruição e fome.[134]

No período feudal, estabelecem-se as autoridades do Estado, representadas pelas figuras do príncipe, detentor do chamado *jus politiae*, e da eclesiástica. O príncipe designa o que, sob a sua visão, possa significar a boa ordem da sociedade civil. Em contraposição, cabe à autoridade eclesiástica atuar no campo da boa ordem moral e religiosa.[135] Conservar

---

[132] Burke, Peter. Violência urbana e civilização. In: Oliveira, Nilson Vieira(Org.). **Insegurança Pública**:reflexões sobre a criminalidade e a violência urbana. São Paulo: Nova Alexandria, 2002. p. 32-50.

Afirma que o sistema tradicional europeu de gerenciamento da violência confiava em amadores ou semi-amadores para manter a ordem nas cidades. Esses amadores e semi-amadores "constituíam a ronda, a milícia, os *archers* parisienses, os *sbirri* romanos, os *schutterij* de Amsterdã, os 'bandos treinados' londrinos etc." Eram ineficazes, como observa, e, por isso, "eram muitas vezes objeto de riso". P. 48

[133] Mcneil, Willian H. As gangues de rua são uma antiga herança da civilização. In: Oliveira, Nilson Vieira (Org.). **Insegurança Pública**: reflexões sobre a criminalidade e a violência urbana. São Paulo: Nova Alexandria, 2002. p. 11-31.

Segundo o autor, "os primórdios disso chegam ao terceiro milênio antes de Cristo, com os conquistadores como Sargão, o Grande, de Acad." P. 19

[134] Mcneil, Willian H. As gangues de rua são uma antiga herança da civilização. In: Oliveira, Nilson Vieira (Org.). **Insegurança Pública**: reflexões sobre a criminalidade e a violência urbana. São Paulo: Nova Alexandria, 2002. p. 11-31.

Nos tempos bíblicos: "A narrativa bíblica de II Samuel e I Reis oferece um retrato vívido da relação ambígua que surgiu entre os líderes estabelecidos da sociedade - donos de propriedades, sacerdotes e juízes, como Samuel – e os homens armados que se uniam a Saul e Davi, expulsando os forasteiros, mas exigindo também contribuições que logo se tornaram impostos burocraticamente coletados." P. 14

[135] Di Pietro, Maria Sylvia Zanella. **Direito administrativo**. 12 ed. São Paulo: Atlas, 2000.

Na p. 108, "posteriormente, em fins do século XV, o *jus politiae* volta a designar, na Alemanha, toda a atividade do Estado, compreendendo poderes amplos de que dispunha o príncipe, de ingerência na vida privada dos cidadãos, incluindo sua vida religiosa e espiritual, sempre sob o pretexto de alcançar a segurança e o bem-estar coletivo. "

a boa ordem significa, no caso, dar aos súditos a proteção – incerta, é verdade – contra pilhadores, notadamente grupos armados voltados ao ataque e ao saque. Em contrapartida, e para a satisfação dos desejos e propósitos pessoais do príncipe, os coletores extraem aluguéis e impostos que, pelo menos, são previsíveis e não levam os súditos à miséria – diferentemente dos saqueadores nada comedidos – para que continuem sustentando a minoria privilegiada.[136]

Enquanto a sociedade se satisfaz em combater um inimigo por meio do outro, e em ser dominada por um senhor sob a condição de que existam garantias mais ou menos eficazes contra a tirania dele, é que se compreende porque, para HOBBES, o Estado absoluto é o único meio de garantir a segurança das pessoas e dos bens, não como última resposta, mas necessária, diante de uma carência de segurança que tem raízes antropológicas profundas. Nas palavras de HOBBES, "O poder se ele é extremo é bom, porque é útil à proteção; e é na proteção que reside a segurança".[137]

O poder do governante é considerado necessário, mas também imensamente perigoso: uma arma que poderia experimentar contra seus súditos, não menos que contra seus inimigos externos.[138] HOBBES esboça a necessidade de proteção como um imperativo categórico que deve ser assumido a qualquer preço para que se possa viver em sociedade.[139]

---

[136] MCNEIL, Willian H. As gangues de rua são uma antiga herança da civilização. In: OLIVEIRA, Nilson Vieira (Org.). **Insegurança Pública**: reflexões sobre a criminalidade e a violência urbana. São Paulo: Nova Alexandria, 2002. p. 11-31.

[137] Citado por Robert Castel, na p. 15 da obra CASTEL, Robert. **A insegurança social**: o que é ser protegido? Petrópolis: Vozes, 2005. 95p., que segundo o autor foi extraído da obra: THOMAS HOBBES. *Le Léviathan*. Paris: Sirey, 1971.

CASTEL lembra também que a fala mais atenuada de Weber de que o Estado deve deter o monopólio do exercício da violência não suscitou controvérsias.

[138] MILL, John Stuart. **A liberdade utilitarismo**. São Paulo: Martins Fontes, 2000. 277p. P. 6.

MILL, John Stuart. **A liberdade utilitarismo**. São Paulo: Martins Fontes, 2000. 277p.: "Para impedir que os membros mais fracos da comunidade se tornassem presa de inúmeros abutres, fez-se necessário que houvesse um animal de rapina mais forte do que os demais, com a missão de mantê-los submetidos. No entanto, como o rei dos abutres não estivesse menos inclinado que as harpias menores a fazer do rebanho presa, tornou-se indispensável colocar numa perpétua atitude de defesa contra seus bicos e garras." P. 6

[139] CASTEL, Robert. **A insegurança social**: o que é ser protegido? Petrópolis: Vozes, 2005. 95p. P. 15. "Esta sociedade será fundamentalmente uma *sociedade de segurança*

Há, de ambos os lados, ainda que a contragosto de parcela dos súditos, "um interesse real em substituir os saques por extorsões regulamentadas"[140], na medida em que o fluxo da renda concentra-se em armazéns situados ao longo das rotas de marchas dos exércitos, garantindo-se um suprimento seguro de alimentos que possibilita o alcance das cenas de batalhas em condições melhores do que se tivessem de parar para saquear no caminho.[141]

Para conter os ânimos violentos internos, são prática costumeira as execuções públicas tidas como um ritual ou uma forma de purificação, ficando o público advertido sobre as consequências do crime. É a violência usada para desestimular a violência.[142]

Embora tendo de renunciar a intervir nos negócios públicos e contentar a se sujeitar ao poder político, o poder tutelar dá ao homem do Estado absoluto, enquanto acomodado, chance de existir de acordo com a sua vontade, fazendo o que lhe parece bom e usufruindo os frutos de sua atividade em clima de relativa tranquilidade, podendo viver em sociedade. Enquanto monopoliza os poderes políticos, mobilizando os meios necessários para governar, o Estado absoluto *liberta os indivíduos* do medo e permite-lhes existir livremente na esfera privada.[143] Mas, como

---

porque a segurança é a condição primordial e absolutamente necessária para que indivíduos, desligados das obrigações-proteções tradicionais, possam 'fazer sociedade'."

[140] MCNEIL, Willian H. As gangues de rua são uma antiga herança da civilização. In: OLIVEIRA, Nilson Vieira (Org.). **Insegurança Pública**: reflexões sobre a criminalidade e a violência urbana. São Paulo: Nova Alexandria, 2002. p. 11-31. P. 14.

[141] MCNEIL, Willian H. As gangues de rua são uma antiga herança da civilização. In: OLIVEIRA, Nilson Vieira (Org.). **Insegurança Pública**: reflexões sobre a criminalidade e a violência urbana. São Paulo: Nova Alexandria, 2002. p. 11-31. P. 14.

[142] BURKE, Peter. Violência urbana e civilização. In: OLIVEIRA, Nilson Vieira(Org.). **Insegurança Pública**:reflexões sobre a criminalidade e a violência urbana. São Paulo: Nova Alexandria, 2002. p. 32-50. P. 49.

Uma curiosidade: "de maneira similar, exibiam-se instrumentos de tortura nas ruas de Roma, no carnaval, para relembrar aos participantes de que havia limites para aquele momento de licença". P. 49. Em caso de desordem descontrolada, tenta-se o toque de recolher; não funcionando, recorria-se à hóstia sagrada; finalmente, fazia-se uso do exército vez que "as pessoas ficavam alarmadas ao ouvir a aproximação de um exército. Pouco importava se fosse inimigo ou supostamente amigo, pois o medo de saque, pilhagem, estupro e tortura era o mesmo em ambos os casos." P. 49.

[143] CASTEL, Robert. **A insegurança social**: o que é ser protegido? Petrópolis: Vozes, 2005. 95p. P. 16.

considera CASTEL, "ser protegido não é um estado 'natural'. É uma situação construída, porque a insegurança não é uma peripécia que advém de maneira mais ou menos acidental, mas uma dimensão consubstancial à coexistência dos indivíduos numa sociedade moderna".[144]

Não é fácil manter o monopólio burocratizado. Somado ao desgaste do sistema – resultando em permanente instabilidade política, econômica e social – ressaltado pela ação dos descontentes, é preciso coletar impostos de poucos dispostos a pagar. Ademais, os detentores do poder político locais são tentados a interceptar a receita dos impostos, minorando os recursos das autoridades centrais necessários à manutenção da força armada capaz de sobrepujá-los.[145]

As primeiras sementes da limitação da autoridade política, contestando o poder absoluto do príncipe, acontece com a revolta dos barões submetendo João Sem Terra à capitulação da Magna Carta em 1215. Auto limitando-se para sobreviver e sofrendo pressões por liberdade, o trono, no século XVII, com Carlos I, curva-se diante da reivindicação do Parlamento com a declaração da *Petition of Rights*, 1628, e que iria culminar, seis décadas depois, no *Bill of Rights* e a extinção do absolutismo de Jaime II.

Com o *Bill of Rights* de 13 de fevereiro de 1689 origina-se a força armada a serviço do rei, com a constituição de um exército não mantido em tempo de paz, salvo com a autorização das Câmaras inglesas. Não apenas isso, o Parlamento passa a determinar, em autorizações de duração ânua, o total dos homens a manter arma.[146]

Os homens então entendem que não é da natureza seus governantes constituírem um poder independente.[147] A evolução da compreensão do homem sobre a sociedade e sobre si próprio leva-o a perceber que o poder não tem de se opor aos seus interesses. O indivíduo então se

---

[144] CASTEL, Robert. **A insegurança social**: o que é ser protegido? Petrópolis: Vozes, 2005. 95p. P. 16/17.

[145] MCNEIL, Willian H. As gangues de rua são uma antiga herança da civilização. In: OLIVEIRA, Nilson Vieira (Org.). **Insegurança Pública**: reflexões sobre a criminalidade e a violência urbana. São Paulo: Nova Alexandria, 2002. p. 11-31. P. 19.

[146] SILVA, Hélio. **As Constituições do Brasil**. Rio de Janeiro: Rede Globo, 1985. 325p. P. 31.

[147] MILL, John Stuart. **A liberdade utilitarismo**. São Paulo: Martins Fontes, 2000. 277p. P. 7.

reconhece, independentemente de sua inscrição em grupos ou coletividades.[148] Para viver em sociedade, aquele que infringe as regras necessárias à proteção de semelhantes, individual ou coletivamente, sofre as represálias em razão das danosas consequências de seus atos. Compreende-se que é preciso que seja infringido ao indivíduo infrator um castigo com o propósito expresso de puni-lo, devendo-se cuidar para que esse castigo seja suficientemente severo.[149] Ou seja, a sociedade assume jurisdição sobre a conduta faltosa do indivíduo, prejudicial aos interesses de outros.

O receio da arbitrariedade frequente entre os detentores do poder é que prevalece na França no final do século XVIII. Com MONTESQUIEU e VOLTAIRE repercutindo o procedimento tipicamente inglês do *Habeas Corpus* e o *Dos delitos e das penas* publicado em 1764 por CASARE BACCARIA, a opinião pública francesa fica sensível aos riscos da arbitrariedade da Monarquia absoluta.[150]

Com a difusão dos ideais do liberalismo, o Estado passa a ser tido como necessário para que o indivíduo disponha da liberdade de desenvolver seus empreendimentos e usufruir em paz de seu trabalho[151]: a função essencial do Estado é a defesa da propriedade. Entretanto, a 'propriedade' não é apenas a propriedade dos bens, "mas também a propriedade de si mesmo que estes bens tornam possível, a condição da liberdade e da

---

[148] CASTEL, Robert. **A insegurança social**: o que é ser protegido? Petrópolis: Vozes, 2005. 95p. P. 14.

[149] MILL, John Stuart. **A liberdade utilitarismo**. São Paulo: Martins Fontes, 2000. 277p. P. 122.

O autor aborda os limites apropriados ao que se pode chamar de "as funções de polícia". "Trata-se de saber até que ponto é possível invadir legitimamente a liberdade para prevenir os crimes ou os acidentes. É uma das funções inquestionáveis do governo tomar medidas contra o crime antes que o cometam, bem como descobri-lo e puni-lo em seguida." P. 146.

[150] RIVERO. Jean; MOUTOUH, Hugues. **Liberdades públicas**. São Paulo: Martins Fontes, 2006. 680 p. P. 395.

[151] P. 23 de SULOCKI, Victoria-Amália de Barros C. G. **Segurança Pública e Democracia**: aspectos constitucionais das políticas públicas de segurança. Rio de Janeiro: Lúmen Júris, 2007. 206p.: "assim como em Hobbes, o Estado de Locke é garantidor da ordem e da paz social; agora, no entanto, ele também tem como função assegurar o máximo de liberdade ao indivíduo e, ele só o faz se estiver contido pelas próprias leis que o criaram. Limitar o Estado às únicas funções de protetor e garantidor da ordem, não o deixando intervir no domínio privado, é a verdadeira garantia de liberdade e, portanto, de consecução dos fins do Estado que será o Estado Liberal burguês."

independência dos cidadãos".[152] Mas a soberania social do proprietário não basta a si mesma, fazendo-se preciso que os indivíduos se unam para a preservação mútua de sua vida, de sua liberdade e de seus bens, estando aí o fundamento do pacto social: "O fim essencial perseguido pelos homens que se unem para formar uma República e se submetem a um governo é a preservação de sua propriedade", nas palavras de Locke.[153]

Tomada em significado antropológico, a propriedade privada serve de alicerce a partir do qual o indivíduo se livra da proteção-sujeição tradicional e encontra a sua independência. Não mais se admite a idéia de existirem leis a que o próprio príncipe não se submeta, sendo a legalidade um dos princípios básicos do Estado de direito, em decorrência do qual o próprio Estado se submete às leis por ele mesmo criadas.

Os documentos emanados dos movimentos paralelos e contemporâneos das Revoluções norte-americana e francesa moldam a estrutura do poder no liberalismo. Fundado na supremacia da lei e no equilíbrio dos poderes constitucionais, o Estado liberal cede à ascensão de novas classes sociais.

Liberdade e igualdade erguem-se como bandeiras da nova estrutura política e social[154], e o constitucionalismo, ainda nascente, volta-se à garantia dos direitos fundamentais do homem. A noção do *individualismo*, jurídico e econômico, firma-se como baliza das relações sociais.

O indivíduo não está mais preso às redes tradicionais de dependência e de proteção, especialmente porque o Estado passa a ser, até certo

---

[152] Castel, Robert. **A insegurança social**: o que é ser protegido? Petrópolis: Vozes, 2005. 95p. P. 19.

Como relata Sulocki, Victoria-Amália de Barros C. G. **Segurança Pública e Democracia**: aspectos constitucionais das políticas públicas de segurança. Rio de Janeiro: Lúmen Júris, 2007. 206p., na p. 20: "Após um primeiro momento de consolidação dos diversos Estados nacionais, com suas monarquias absolutas, os soberanos destes começara a tornar-se um empecilho ao sistema capitalista, pois o abuso do poder político prejudicava a contínua ascensão da classe burguesa ao poder. Dessa forma, a construção e a consolidação dos Estados nacionais não foram suficientes para a realização do projeto burguês, vez que, após resolvidos os problemas da insegurança e dos vários impostos, este teve que se confrontar com a tirania do soberano e com o alijamento na vida política do Estado."

[153] J. Locke. *Second traité du gouvernement,* § 124, citado por Castel, Robert. **A insegurança social**: o que é ser protegido? Petrópolis: Vozes, 2005. 95p., na p. 18.

[154] Na república americana prevaleceu o princípio da igualdade, enquanto a liberdade foi o foco do ideário da revolução francesa.

ponto pelo menos, a expressão da vontade dos cidadãos, sem abrir mão de ser um Estado de segurança, protegendo as pessoas e seus bens. Ao mesmo tempo em que, em tese, o Estado não imiscui em outras esferas, econômicas e sociais, da sociedade – é o 'Estado mínimo' –, ele é rigoroso e implacável com os inimigos da propriedade – aqui o 'Estado guarda' – aplicando sanções e reprimindo, com violência se preciso, qualquer tentativa coletiva de subversão da ordem proprietária.[155]

Estando a propriedade protegida pelo Estado, inclusive com o estabelecimento de quadro legal para tanto, é dado ao proprietário fazer uso dos meios para se defender. A segurança civil resta configurada na medida em que se dá ao indivíduo a garantia de exercício de uma série de direitos subjetivos – amplamente assegurados nas Declarações Universais de Direitos e depois transpostos para as Constituições–, dentre os quais a liberdade – que sofre interferência apenas em caráter excepcional –, promovendo justiça e garantindo vida social pacífica, assegurando pessoas e bens. No entanto, não sendo a liberdade um conceito absoluto, para dar segurança aos indivíduos contra as ameaças de outros indivíduos, pode o Estado então limitar as liberdades do homem em benefício da sociedade. Para tanto, fixa-se como imperativo que tal limitação somente é admitida quando se trata de governo legítimo, assim entendido aquele que materialize o poder justo. Esse poder justo tem por missão a preservação dos princípios e das normas que visam assegurar os direitos individuais que estão vinculados à própria dignidade humana.

Diante de conflitos entre direitos individuais protegidos nas Constituições, cabe ao Estado atuar como um fator de equilíbrio já que a paz social resulta automaticamente do livre jogo dos interesses particulares.

---

[155] Se por um lado ao Estado liberal é creditado o fato de ter tentado instituir-se em Estado de direito, defendendo os diretos civis e a integridade das pessoas, por outro há a indignidade pelo fato de ter sido também este Estado liberal que esmagou a insurreição dos operários parisienses em junho de 1848 ou a Comuna de Paris de 1871. "De um lado, o legalismo jurídico; de outro, o recurso, às vezes brutal, às forças armadas ou às milícias do Guarda Nacional. Mas pode-se atenuar esta aparente contradição compreendendo que o fundamento deste tipo de Estado é exatamente assegurar a proteção e a segurança. Nesta configuração, a proteção das pessoas é inseparável da proteção de seus bens. Seu mandado vai do exercício da justiça e da manutenção da ordem, através de operações de polícia, à defesa da ordem social fundada na propriedade, se for necessário mobilizando, 'em caso de força maior', meios militares e paramilitares." CASTEL, Robert. **A insegurança social**: o que é ser protegido? Petrópolis: Vozes, 2005. 95p. P. 19/20.

Cumpre-lhe assegurar que cada um exercite livremente do seu direito, somente intervindo para fazer frente ao abuso de direito – liberdade consiste em fazer tudo aquilo que não é nocivo aos demais –, restabelecendo o equilíbrio social. Para tanto, o Estado restringe-se a fazer com que o indivíduo não perturbe os outros, garantindo a segurança (ausência de acidentes), a tranquilidade (ausência de perturbação da ordem) e a salubridade (ausência de doenças) sociais.

Neste modelo, a insegurança não é totalmente erradicada vez que não é dado ao Estado controlar todas as formas de transgressão, coletivas ou individuais, diferentemente do programa absolutista de HOBBES no qual o Estado tem o direito ou o poder de, em todos os casos, coibir atos atentatórios à segurança dos bens e das pessoas. Noutras palavras, o Estado absoluto, face à sua plena condição de ação despótica ou totalitária, há a proteção a qualquer preço, o que não ocorre no Estado mais ou menos democrático vez que se impõem barreiras ao amplo exercício estatal de proteção na medida em que a liberdade e os demais direitos fundamentais são respeitados.

Num momento seguinte, carências econômicas e sociais de outras ordens fazem o Estado liberal caminhar para o Estado intervencionista – o Estado absenteísta sucedido pelo Estado bem-estar. Ao lado da proteção civil e jurídica – que permita ao cidadão o normal desempenho das suas atividades cotidianas – coloca-se a proteção social tendente a minorar os riscos sociais decorrentes da miséria, saúde pública, velhice, educação etc. e que podem, individual ou coletivamente, influir na segurança pública. O Estado se liberta da tímida seara dos direitos civis e políticos para ter atuação premente na área dos direitos econômicos e sociais, sem desconsiderar o elenco dos direitos individuais que, por sua vez, sofrem afetação de uma destinação social para o seu exercício.

Acentua-se no Estado contemporâneo uma exigência constante e veemente de afastamento do risco, criando-se na sociedade a permanente sensação de insegurança, fato que reforça a necessidade de se combater os fatores de dissociação social que estão na origem da insegurança civil, assim como da insegurança social. No entanto, num Estado de direito a segurança jamais será absoluta, seja porque há limites para a atuação do Estado, seja porque é impossível inibir o desejo de poder de todos os indivíduos, nos mais diversos graus, ainda que se criem mecanismos legais complexos voltados ao fim de proteger a sociedade.

Na medida em que se valoriza o indivíduo e ao mesmo tempo nele se instala a sensação de permanente insegurança, mais o Estado é chamado a proteger, fato que, em contrapartida, provoca críticas quanto à atuação estatal invasiva. Nas sociedades hodiernas coloca-se de um lado o anseio por infinita proteção, o que somente seria satisfeito num quadro de um Estado absoluto. Do outro lado, a sociedade exige o amplo respeito à liberdade e à autonomia dos indivíduos, o que não pode ser alcançado salvo no Estado de direito. A sociedade se coloca diante desse dilema, optando pelo Estado de direito e tendo de conviver com a insegurança.

Posta a complexidade do problema, faz-se preciso dar lugar central às políticas sociais e às políticas institucionais, não entendidas como exclusivamente voltadas à inclusão material e ao bem-estar.[156] Envolvem também intervir nos modos de convivência, proporcionando recursos para melhoramento da qualidade do vínculo social. Dada a importância de seu enfoque, a política de segurança pública passa a figurar entre aquelas políticas.

II.2.2 - Definição de Política de Segurança Pública

A ciência política costumeiramente trabalha com três tipos de abordagens. Uma primeira tem sentido amplo e é voltada ao estudo do Estado como sistema político. Clássica, foi objeto de preocupações de Platão e Aristóteles. Uma outra, examina o jogo das forças políticas dentro do sistema político em processos decisórios. A terceira, analisa os resultados das estratégias políticas postas em prática para o alcance de objetivos definidos pelo sistema político acerca de determinada problemática.[157] No âmbito desta última abordagem, *política* tem significados sequentes interligados: é o conjunto das regras que tratam de uma de terminada

---

[156] P. 16/17 de Palmieri, Gustavo. Políticas democráticas para a segurança cidadã. In: ___. **Segurança cidadã e polícia na democracia**. Rio de Janeiro: Fundação Konrad--Adenauer-Stiftung, ano. p. 11-26.

[157] P. 213 de Frey, Klaus. Políticas públicas: um debate conceitual e reflexões referentes à prática da análise de políticas públicas no Brasil. **Planejamento e Políticas Públicas**. N. 21, jun. 2000. Disponível em: <http://www.ipea.gov.br/pub/ppp/ppp21/Parte5.pdf> Acesso em 22.05.2009.

problemática, ou seja, é a política governamental; conjunto de programas e objetivos governamentais postos diante daquela problemática; processo formado por decisões e fatos que modificam a realidade; e o resultado ou produto da sequência.[158]

A política estatal tem *status* de *política pública* quando voltada à *sociedade*.[159] Ou seja, do conjunto de regras de certa problemática, os programas e objetivos para implementá-lo têm como beneficiária a coletividade, de modo tal que as decisões e os fatos tendentes a alterar a realidade buscam um contínuo aprimoramento social.[160]

Para Dal Bosco, política pública pode ser considerada como "o resultado de uma atividade de autoridade regularmente investida de poder público e de legitimidade governamental, ou como um conjunto de práticas e normas que emanam de um ou de vários atores públicos".[161] Ou,

---

[158] P. 246 de Dal Bosco, Maria Goretti. **Discricionariedade em políticas públicas**: um olhar garantista da aplicação da lei de improbidade administrativa. Curitiba: Juruá Editora, 2007. 479p. Numa síntese de Câmara, P. 350, a política quando utilizada para intervir na realidade, "origina-se de um poder constituído e se exterioriza através de diretrizes ou de ações reiteradas" (Câmara, Paulo Sette. Defesa social e segurança pública. In: Leal, César Barros; Piedade Júnior, Heitor (coord.). **A violência multifacetada**: estudos sobre a violência e a segurança pública. Belo Horizonte: Del Rey, 2003. p. 343-359.).

[159] Para Câmara, p.348, "A política é pública porque envolve a sociedade na definição das opções: e é aí que ela se diferencia das políticas setoriais de Estado ou Governo. Estas deverão se integrar à política pública traçada, ou estarão em confrontação com a sociedade a que devem servir." (Câmara, Paulo Sette. Defesa social e segurança pública. In: Leal, César Barros; Piedade Júnior, Heitor (coord.). **A violência multifacetada**: estudos sobre a violência e a segurança pública. Belo Horizonte: Del Rey, 2003. p. 343-359.)

[160] Na p. 269 de Bucci, Maria Paula Dallari. Políticas públicas e direito administrativo. **Direito administrativo e políticas públicas**. São Paulo: Saraiva, 2002. p. 241-278, "o adjetivo 'pública', justaposto ao substantivo 'política', deve indicar tanto os destinatários como os autores da política. Uma política é pública quando contempla os interesses públicos, isto é, a coletividade – não como fórmula justificadora do cuidado indiferenciado de interesses que merecem proteção– mas como realização desejada pela sociedade. Mas uma política pública também deve ser expressão de um processo público, no sentido de abertura à participação de todos os interessados, diretos e indiretos, para a manifestação clara e transparente das posições em jogo."

[161] Na p. 245 de Dal Bosco, Maria Goretti. **Discricionariedade em políticas públicas**: um olhar garantista da aplicação da lei de improbidade administrativa. Curitiba: Juruá Editora, 2007. 479p. Em pé de página, p. 245, a autora refere-se a Meny, Yves; Thoenig, Jean-Claude (Meny, Yves; Thoenig, Jean-Claude.**Las políticas públicas**. Traducción de Francisco Morata. Bercelona: Ariel, 1992. p. 89) dizendo o seguinte: "Os autores lembram que o termo *política* é utilizado com vários significados, especialmente

como entende Bucci, "políticas públicas são programas de ação governamental visando a coordenar os meios à disposição do Estado e as atividades privadas, para a realização de objetivos socialmente relevantes e politicamente determinados".[162]

Uma das maneiras de se analisar uma política de segurança pública é identificar e aprofundar os seus elementos intrínsecos. Uma vez identificados, é possível afirmar se aquela política de segurança pública possui os elementos de 'política' segundo os conceitos da ciência política, com estratégias, instrumentos e modelos para se conseguir um determinado fim.[163]

A política de segurança pública é uma política pública se há nela, a um só tempo, como se observa em qualquer política pública, uma forma de *organização da vida social* e *ações* visando certo objetivo de *interesse público*. Certo é que "a violência torna-se um problema público quando envolve uma atuação mais moralmente empreendedora por parte do Estado, além do envolvimento de diversas instituições às quais cabem a responsabilidade de apresentar múltiplas possibilidades de resolução".[164] O que se confirma e se acentua em Cudolà para quem "Los albores del siglo XXI se han visto caracterizados por una serie de fenómenos que han puesto en primera línea las políticas de seguridad: la globalización y la aparición de nuevas formas de delincuencia y de terrorismo; la mayor movibilidade de personas y bienes en el espacio europeo de libertad, seguridad y justicia; la irrupción de la seguridad privada desde el ámbito empresarial para dar respuesta a las cada vez mayores necesidades de seguridad".[165]

---

nos países latinos, onde pode designar a luta pelo poder, a concorrência entre partidos, grupos de interesses e categorias sociais, entre outros. Os ingleses usam o termo *policy*, como um marco orientador para uma ação, programa ou uma perspectiva de atividade. Logo, quando se diz que um governo tem uma política econômica ou elege um campo específico de atuação para realizar determinado programa de intervenções, diz-se que é uma política pública".

[162] P. 241 de Bucci, Maria Paula Dallari. Políticas públicas e direito administrativo. **Direito administrativo e políticas públicas**. São Paulo: Saraiva, 2002. p. 241-278.

[163] P. 23 de Rodríguez, Laura Zúñiga. **Política criminal**. Madrid: Editorial Colex, 2001. 295 p.

[164] P. 3 de Beato Filho, Cláudio C. Políticas públicas de segurança: equidade, eficiência e accountability. Disponível em < http://www.crisp.ufmg.br/polpub.pdf>. Acesso: 25 jul 2007.

[165] P. 19 de Cudolà, Vicenç Aguado. **Derecho de la seguridad pública y privada**. Cizur Menor: Aranzadi, 2007. 233p.

Política de segurança pública é um conjunto composto de programas, estratégias, ações e processos atinentes à manutenção da *ordem pública* no âmbito da criminalidade, incluídas neste contexto questões sobre violência e insegurança, inclusive subjectiva. 'Manutenção da ordem pública' é expressão tomada em sentido amplo e compreende alcançar a ordem pública, mantê-la e fazer com que evolua. A criminalidade é um fenômeno social que tem o poder de comprometer a ordem pública que se queira alcançar, ou que abala a ordem pública que se quer manter, especialmente quando agravada pela qualificadora *violência*. Os programas, estratégias, ações e processos da política de segurança pública têm a ver, portanto, com criminalidade, mas criminalidade não voltada isoladamente a si própria – objetivo de mera redução quantitativa de crimes ou de violência –, mas comprometida em termos de compatibilidade com a estabilidade social, ou, noutras palavras, com a ordem pública. Ordem pública, como visto, não é simples e unicamente oposição à ideia de desordem, mas sim, numa perspectiva social ampla, como equilíbrio dinâmico ou estabilidade. O objetivo da política de segurança pública é, pois, o alcance e a manutenção desse equilíbrio, que por característica é dinâmico.

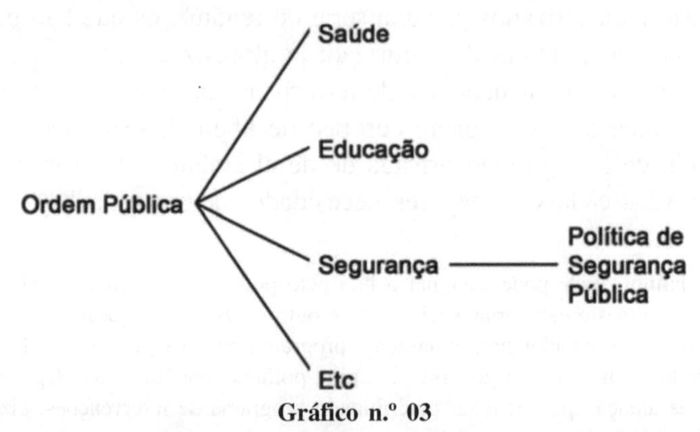

Gráfico n.º 03

O *objetivo* da política de segurança pública é a estabilidade social e não se origina da opção, do debate ou do jogo das forças políticas – é pré-existente, permanente e conceitualmente único –, fato que a põe em situação distinta de outras políticas públicas quando, nestas, eventualmente, seus objetivos sejam definidos como consequência do embate político. Por outro lado, ultrapassada a fase de adequado *dimensionamento do objetivo* – e não de 'eleição' –, a política de segurança pública comporta-se tal como qualquer outra política pública na medida em que a definição dos programas e estratégias para alcance do objetivo e as ações dela decorrentes são fruto da natural discussão ideológica e do processo político decisório. É neste ponto que assumem destaque as discussões acerca das causas do crime, embora a formulação de políticas de segurança pública possa prescindir da identificação dessas causas.[166]

Trata-se de um tema complexo a exigir a postura sintetizada por PALMIERI no sentido de que tal complexidade requer que se pense "*mais aquém* e *mais além* da mera resposta ao fato delituoso (resposta que *também* deve ser pensada). Mais aquém, porque existe um contexto em que emerge o fato delituoso, que inclui as características da convivência social e a relação dos cidadãos com as instituições e, em particular, com as forças de segurança. Mais além, porque tanto o infrator como a vítima são parte

---

[166] P. 4 de BEATO FILHO, Cláudio C. Políticas públicas de segurança: equidade, eficiência e accountability. < http://www.crisp.ufmg.br/polpub.pdf >. Acesso: 25 jul 2007.

Este autor no texto BEATO, Cláudio Chaves; PEIXOTO, Betânia Totino. Há nada certo. Políticas sociais e crime em espaços urbanos. In: SENTO-SÉ, João Trajano (Org.). **Prevenção da violência: o papel das cidades**. Rio de Janeiro: Civilização Brasileira, 2005. p. 136-202. p. 165, tomando o caso brasileiro, traça um espectro das causas da criminalidade e da falta de unanimidade: "Existe um consenso em parcelas da sociedade brasileira de que nossos elevados déficits sociais e econômicos seriam responsáveis pelas altas taxas de criminalidade nos grandes centros urbanos. Desemprego, desigualdade e ausência de políticas sociais compensatórias seriam os ingredientes que comporiam o quadro para a emergência da criminalidade e violência nas últimas décadas. Por outro lado, outros setores tendem a conceder à impunidade de nosso sistema de justiça penal a primazia na composição desse quadro, encontrando na literatura econômica a respeito do crime o suporte teórico para essa perspectiva. A 'teoria da dissuasão' credita às organizações do sistema de justiça criminal a maior parcela no controle da criminalidade, fazendo o crime não compensar para aqueles indivíduos que escolheram estrategicamente meios ilegais de ação. Isso equivale a definir o mundo do crime como mercado análogo ao mercado econômico, onde interagem criminosos e vítimas. O Estado pode intervir neste mercado através de uma polícia preparada e eficiente, legislação adequada e montagem de um complexo de prisões com vagas suficientes para receber os delinqüentes."

SOARES, Luiz Eduardo. Segurança pública: presente e futuro. **Estudos Avançados**. v. 20, n. 56, 2006. Disponível em: <http://www.scielo.br scielo.php?script=sci_arttext&pid=S0103-40142006000100008>. Acesso: 23 dez 2008.

Sobre as causas dos crimes, SOARES afirma na p. 93: "As explicações para a violência e o crime não são fáceis. Sobretudo, é necessário evitar a armadilha da generalização. Não existe o crime, no singular. Há uma diversidade imensa de práticas criminosas, associadas a dinâmicas sociais muito diferentes. Por isso, não faz sentido imaginar que seria possível identificar apenas uma causa para o universo heterogêneo da criminalidade."

de um dispositivo que os ultrapassa e que abarca os modos como os cidadãos desenvolvem seus vínculos e resolvem seus conflitos".[167]

No que se refere a competência para formular políticas de segurança pública, a questão se põe tal qual se diante de qualquer outra política pública, parecendo tranquila a ideia, como exposto por BUCCI, de que "as grandes linhas das políticas públicas, as diretrizes, os objetivos, são opções políticas que cabem aos representantes do povo e, portanto, ao Poder Legislativo, que organiza sob forma de leis, para execução do Poder Executivo, segundo a clássica tripartição das funções estatais em legislativa, executiva e judiciária".[168] Ocorre que o caráter diretivo das políticas públicas "implica a permanência de uma parcela da atividade 'formadora' do direito nas mãos do governo (Poder Executivo), perdendo-se a nitidez da separação entre os dois centros de atribuições"[169], o que, no que se refere a política de segurança pública, fica ressaltado quando a manutenção da ordem pública, ou seja, a segurança pública, é vista na acepção restrita de oposição a desordem, a exigir pronta ação do poder executivo nos momentos em que a criminalidade extrapola os limites de estabilidade.

II.2.3 – Política de Segurança Pública e Política Pública de Segurança

A política de segurança pública possui os elementos que compõem uma política pública, motivo pelo qual se afirma que política de segu-

[167] P. 12 de PALMIERI, Gustavo. Políticas democráticas para a segurança cidadã. In: ___. **Segurança cidadã e polícia na democracia**. Rio de Janeiro: Fundação Konrad-Adenauer-Stiftung, 2003. p. 11-26.

[168] P. 269/270 de BUCCI, Maria Paula Dallari. Políticas públicas e direito administrativo. **Direito administrativo e políticas públicas**. São Paulo: Saraiva, 2002. p. 241-278

[169] P. 269/270 de BUCCI, Maria Paula Dallari. Políticas públicas e direito administrativo. **Direito administrativo e políticas públicas**. São Paulo: Saraiva, 2002. p. 241-278.

Oportuna a lembrança da autora ao ressaltar que García de Enterría critica o uso inadequado de *O espírito das leis*, onde não se encontrará nem separação funcional nem material das autoridades estatais. Para García de Enterría, informa BUCCI, "A idéia de separação, entendida como acantoamento estrito dos poderes, cada um com monopólio pleno sobre uma respectiva função, é uma interpretação radicalmente falsa". No mesmo sentido, ver esclarecimentos na p.397 e seguintes de DAL BOSCO, Maria Goretti. **Discricionariedade em políticas públicas**: um olhar garantista da aplicação da lei de improbidade administrativa. Curitiba: Juruá Editora, 2007. 479p.

rança pública é política pública. No entanto, nem toda política pública voltada à questão da segurança será uma política de segurança pública.[170] Para ser política de segurança pública, a política pública deve estar comprometida com o objetivo específico de *manutenção da ordem pública*. Política pública de segurança, por sua vez, volta-se à segurança, que é um

---

[170] Ana Sofia S. de Oliveira (Oliveira, Ana Sofia S. "Políticas de segurança e políticas de segurança pública: da teoria a prática", *in*: GABINETE DE SEGURANÇA INSTITUCIONAL. *Das políticas de segurança pública às políticas públicas de segurança*, São Paulo, 2002, ILAUD: p. 43-62. Disponível em http://www.observatoriodeseguranca.org/files/livroprevdocrime%20ILANUD.pdf> Acesso em 23.06.2009) *política de segurança pública* é expressão referente às actividades policiais, é a atenção policial 'strictu sensu', ao passo que *política pública de segurança* é expressão que engloba as diversas ações, governamentais ou não governamentais, que sofrem impacto ou causam impacto no problema da criminalidade e da violência. Já Xavier e Dornelles fazem a seguinte distinção entre política de segurança pública e política pública de segurança: Xavier, Laécio Noronha. Políticas públicas de segurança urbana. **Diário do Nordeste**. Disponível em: <http://diariodonordeste.globo.com/materia.asp?codigo=407829>. Acesso em 22 jul. 2008.

O autor dá, ao seu modo de ver, as distinções entre política de segurança pública e políticas públicas de segurança: "O primeiro conceito refere-se às atividades tipicamente dos experts, a atuação policial em sentido estrito. Já o segundo, engloba diversas políticas de governo e ações sociais que sofrem ou causam impactos na criminalidade e violência, onde a falta de segurança pública denota sintomas que o Estado e a Sociedade Civil não estão invertendo de maneira conjugada com suas funções políticas, missões sociais e administrações eficientes."

Nogueira Júnior, Alberto.Segurança nacional, segurança pública e direito à informação pública. In:___. **Segurança nacional, pública, nuclear e o direito à informação**. Rio de Janeiro: UniverCidade Ed., 2006. p. 91-154.

O autor, na p. 91, cita Dornelles, João Ricardo W. **Conflitos e segurança – entre pombos e falcões**. Rio de Janeiro: Lumen Júris, 2003, p. 06, nota 07: "É interessante ressaltar que devemos fazer uma distinção entre o conceito de política de segurança pública e o conceito de políticas públicas de segurança. Pelo primeiro se entende os instrumentos e meios institucionais destinados ao combate da violência e à manutenção da ordem pública, centrando a sua ação, principalmente, no aparato policial. O segundo conceito, das políticas públicas de segurança, mais abrangente, deve ser entendido como o conjunto das políticas públicas – que inclui as políticas de segurança, mas não se restringe às práticas relacionadas com o controle direto da criminalidade através da ação policial – principalmente as de caráter socioeconômico que possibilitam, de forma integrada com os órgãos públicos e da sociedade civil organizada, a contenção das diversas formas de violência – inclusive a criminal – das ilegalidades e das desordens sociais, priorizando os métodos preventivos e as formas não-violentas de manutenção da paz social."

conceito aberto e tem reflexos genéricos sobre a redução da criminalidade, mas não compromissada explicitamente com o controle da criminalidade na *zona de estabilidade.*

Na política de segurança pública, por sua vez, estão incluídas políticas sociais desde que voltadas especificamente aos fins de segurança pública, ou seja, visam a adequação da criminalidade ao nível de estabilidade da sociedade para a qual ela é elaborada e implementada. Isto é, objetiva expressamente a manutenção da ordem pública. Exemplo: política educacional objetivando especificamente resultados que impliquem alcance ou manutenção da ordem pública é política de segurança pública. A política setorial de segurança pública não se confunde com aquelas cujos fins não visem exatamente a ordem pública, ainda que surtam efeitos redutores de criminalidade. Ou seja, a rigor, para que seja uma política de segurança pública, uma política social deve ter foco específico na segurança pública.

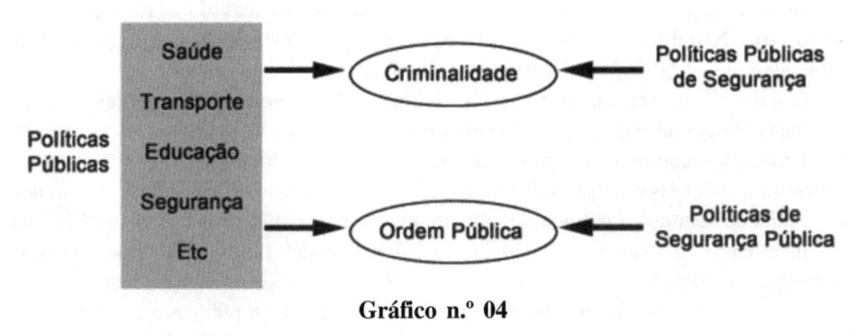

Gráfico n.º 04

Tomando-se ordem pública no sentido restrito de oposição a desordem, e não como criminalidade em patamar de estabilidade social, políticas públicas de segurança tanto refletem contribuições para a segurança pública, quanto também podem ser utilizadas como instrumentos de *opressão*, sob o argumento de combate à criminalidade. No primeiro caso, embora utilizado entendimento válido, mas limitado, de ordem pública, tem-se políticas de segurança pública. Na segunda hipótese, não há políticas de segurança pública, mas, tecnicamente, políticas públicas de segurança. A mesma justificativa conduz a políticas diametralmente opostas, o que ressalta os cuidados com a dimensão restrita de ordem pública e as políticas dela advindas, e com a adoção de denominação 'política pública de segurança'.

II.2.4 – Elementos de Caracterização de Políticas de Segurança Pública – Dimensões Jurídico-políticas

Política de segurança pública tem características comuns a toda política pública e outras naturalmente exclusivas ou de maior destaque. O controle da criminalidade na dinâmica de manutenção da ordem pública impõe que a política de segurança pública seja dotada de instrumentos específicos. A heterogeneidade de eventos e de fenômenos vinculados à temática criminal acarretam desafios à formulação de política de segurança pública pela necessidade de identificação dos diversos fatores que importam variações qualitativas e quantitativas.[171]

As redes de agentes que participam do debate político, sofrem constantes modificações no decorrer dos processos de elaboração e implementação da política de segurança pública[172], de forma que os resultados alcançados alimentam novas decisões e ações num contínuo processo político – *mecanismos de realimentação* –, de modo que as fases de

---

[171] P. 5 de BEATO FILHO, Cláudio C. Políticas públicas de segurança: equidade, eficiência e accountability. Disponível em <http://www.crisp.ufmg.br/polpub.pdf>. Acesso: 25 jul 2007.

[172] CUDOLÀ, Vicenç Aguado. **Derecho de la seguridad pública y privada**. Cizur Menor: Aranzadi, 2007. 233p.

Na p. 3, CUDOLÀ expõe o quadro no direito espanhol: "En cualquier caso, la seguridad no debe ser configurada como un compartimiento estanco. De aquí la necesidad de configurar los diversos servicios de seguridad como un sistema al servicio de la cidadanía. Esta idea de sistema puede encontrarse en la Ley catalana 4/2003, de 7 de abril, de ordenación del sistema de seguridad pública en Cataluña. Dicho sistema tiene como objetivo dotar de un marco flexible y participativo en el cual los diversos agentes públicos y privados, desde las respectivas aportaciones y responsabilides, puedan contribuir a la elaboración y la ejecución de políticas públicas de seguridad eficaces al servicio de los ciudadanos. La concepción de la seguridad como sistema viene ligada por tanto a la idea de responsabilidad de las Administraciones públicas y de servicio a la ciudadanía. Debe comprenderse que el ciudadano no puede depender del concreto régimen competencial de cada una de las Administraciones, sino todas aquellas que tienen responsabilidad en la materia deben actuar de forma coordinada dando respuesta a las necesidades colectivas. En este sentido, resulta preciso que desde este sistema se desarrollen las políticas públicas de prevención y protección eficaces en asegurar los derechos y libertades de los ciudadanos, a la preervación de la convivencia y el fomento de la cohesión social. La idea de responsabilidad viene asociada a garantizar a los ciudadanos una prestación homogénea de los servicios de seguridad en el territorio en el que el sistema está establecido."

formulação, de implementação e de controle dos impactos da política de segurança pública são necessária e permanentemente revistas.[173]

Para conhecer, elaborar, implementar ou avaliar uma política de segurança pública o estudo vai além da utilização de métodos quantitativos, mesmo porque nestes normalmente se é forçado a limitar a um número reduzido de variáveis explicativas devido às dificuldades técnicas e organizativas, o que proporciona uma visão apenas parcial das questões. Para maiores detalhes sobre a gênese e o percurso dos programas, planos e estratégias da política de segurança pública – incluídos fatores favoráveis e entraves bloqueadores –, a pesquisa avança para uma investigação da vida interna dos processos político-administrativos, de modo que "com esse direcionamento processual, tornam-se mais importantes os arranjos institucionais, as atitudes e objetivos dos atores políticos, os instrumentos de ação e as estratégias políticas".[174]

Relevantes como o conteúdo propriamente dito da política de segurança pública, os elementos estruturais públicos e privados não ficam em segundo plano, mesmo nos Estados em que se observam sistemas políticos em transformação ou com instituições não consolidadas (países periféricos, especificamente), nos quais se aumenta a tentação de atribuir ao fator 'instituições instáveis ou frágeis' uma importância primordial para explicar êxitos ou fracassos de políticas de segurança pública.[175]

---

[173] Na p. 226 de Frey, Klaus. Políticas públicas: um debate conceitual e reflexões referentes à prática da análise de políticas públicas no Brasil. **Planejamento e Políticas Públicas**. N. 21, jun. 2000. Disponível em: <http://www.ipea.gov.br/pub/ppp/ppp21/Parte5.pdf> Acesso em 22.05.2009.

O autor faz a seguinte proposta: "As tradicionais divisões do ciclo político nas várias propostas na bibliografia se diferenciam apenas gradualmente. Comum a todas as propostas são as fases da formulação, da implementação e do controle dos impactos das políticas. Do ponto de vista analítico, uma subdivisão um pouco mais sofisticada parece pertinente. Proponho distinguir entre as seguintes fases: percepção e definição de problemas, 'agenda-setting', elaboração de programas e decisão, implementação de políticas e, finalmente, a avaliação de políticas e a eventual correção da ação."

Optamos, neste trabalho, pela subdivisão tradicional de mais fácil compreensão. A idéia exposta aplica-se também à divisão mais sofisticada.

[174] P. 213 de Frey, Klaus. Políticas públicas: um debate conceitual e reflexões referentes à prática da análise de políticas públicas no Brasil. **Planejamento e Políticas Públicas**. N. 21, jun. 2000. Disponível em: <http://www.ipea.gov.br/pub/ppp/ppp21/Parte5.pdf> Acesso em 22.05.2009.

[175] Na p. 234 de Frey, Klaus. Políticas públicas: um debate conceitual e reflexões referentes à prática da análise de políticas públicas no Brasil. **Planejamento e Políticas**

Para adequada caracterização de uma política de segurança pública no Direito de Segurança Pública, isto é, sob o ângulo jurídico-político, faz-se preciso uma *policy analysis*[176] – o que compreende estudar os planos, programas, projetos desenvolvidos e implementados, enfim, os *conteúdos*; conhecer a estrutura e perceber a *interrelação das instituições políticas*; identificar o *processo político* envolvido; bem como, descobrir as normas e princípios jurídicos subjacentes à política de segurança pública pesquisada.

A *policy analysis* faz a diferenciação de três dimensões da política de segurança pública que são, por sua vez, dinâmicas, entrelaçadas e se influenciam mutuamente. São as seguintes, de acordo com o emprego de

---

Públicas. N. 21, jun. 2000. Disponível em: <http://www.ipea.gov.br/pub/ppp/ppp21/Parte5.pdf> Acesso em 22.05.2009.

Isso é o institucionalismo tradicional que, no entendimento de Frey, deve ser relativizado. Tal relativização se dá mediante o neo-institucionalismo que não explica tudo por meio de instituições. A força explicativa do fator institucionalismo é um tanto maior onde está consolidado o processo político e quanto mais fragmentadas as instituições. Quando não consolidado o processo político e não fragmentadas as instituições (países do Terceiro Mundo), impõe-se como fator adicional explicativo o "estilo de comportamento político". Diz o autor: "O neo-institucionalismo difere do institucionalismo tradicional pelo fato de que ele '*não* explica *tudo* por meio das instituições. É possível que haja situações nas quais os processos políticos são pouco consolidados e é difícl explicar os acontecimentos pelo fator institucional, e, se isso for possível, o resultado é condicionado só de forma subsidiária pelas instituições' [Beyme, 1992, p. 76]." (Beyme, Klaus von. Policy Analysis und Taraditionelle Politikwissenschaft. In: Hans-Hermann Hartwich (org.): *policy-Forschung in der Beundesrepublik Deutschland. Ihr Selbstverständnis und ihr Verhältnis zu den Grundfragen der Politikwissenschaft.*Opladen: Westdeutscher Veriag, 1985, p. 7-29).

[176] Na p. 215 de Frey, Klaus. Políticas públicas: um debate conceitual e reflexões referentes à prática da análise de políticas públicas no Brasil. **Planejamento e Políticas Públicas**. N. 21, jun. 2000. Disponível em: <http://www.ipea.gov.br/pub/ppp/ppp21/Parte5.pdf> Acesso em 22.05.2009.

O autor se vale de Wollmann (Wollmann, Helmut. Policy-Forschung – *ein Kernbereich der Politikwissenschaft.* Was denn sonst? In: Hans-Hermann Hartwich (org.): *Policy-Forschung in der Busdesrepublik Deutschland. Ihr Selbstverständnis und ihr Verhältnis zu den Grundfragen der Politikwissenschaft.* Opladen: Westdeutscher Verlag. 1985, p. 74) que diz que ela, a 'policy analysis' contém "o potencial analítico de superar uma abordagem isolada que dá prioridade ou à dimensão institucional ('polity') ou à dimensão político-processual, ao deixar confluir a dimensão material de política (isto é, fins, impactos, etc.) com as dimensões institucional e político-processual."

conceitos adotados na ciência política[177]: a dimensão institucional *polity* que se refere à ordem do sistema político, delineada pelo sistema jurídico, e à estrutura institucional do sistema político-administrativo; o quadro da dimensão processual *politics* que tem em vista o processo político de identificação da meta a ser atingida – ordem pública a ser alcançada e mantida –, e frequentemente de caráter conflituoso no que diz respeito à imposição de objetivos secundários, aos conteúdos e às decisões de distribuição dos atos de implementação; e a dimensão material *policy* refere-se aos conteúdos concretos, isto é, à configuração dos programas políticos, aos problemas técnicos e ao conteúdo material das decisões políticas para a manutenção da ordem pública.

A política de segurança pública como objeto do Direito de Segurança Pública implica na conexão da esfera política com a jurídica, de forma que é relevante examinar a interpenetração dessas áreas na definição da estrutura burocrática do Estado e o caráter jurídico-cogente das decisões políticas.[178] A política de segurança pública gera efeitos jurídicos e abre espaço para que se questione responsabilidades por eventual omissão e má efetivação da política de segurança pública.[179]

Dada a vinculação entre política e direito, a interpretação da política de segurança pública é, sob o ângulo jurídico, nada mais que uma realização de direitos. Além disso, os atos, decisões ou normas que compõem a política de segurança pública submetem-se a um regime jurídico que lhe é próprio. Normas e atos jurídicos são parte integrante da política de segurança pública que, por sua vez, dá ao direito um sentido dinâmico – idéia de atividade, como um "conjunto organizado de normas e atos tendentes à realização de um objetivo determinado"[180] – sem desconsiderar o

---

[177] P. 216 de Frey, Klaus. Políticas públicas: um debate conceitual e reflexões referentes à prática da análise de políticas públicas no Brasil. **Planejamento e Políticas Públicas**. N. 21, jun. 2000. Disponível em: <http://www.ipea.gov.br/pub/ppp/ppp21/Parte5.pdf> Acesso em 22.05.2009.

[178] P. 252 de Bucci, Maria Paula Dallari. Políticas públicas e direito administrativo. **Direito administrativo e políticas públicas**. São Paulo: Saraiva, 2002. p. 241-278: "As políticas são instrumentos de ação dos governos – o *government by policies* que desenvolve e aprimora o *government by law*. A função de governar – o uso do poder coativo do Estado a serviço da coesão social – é o núcleo da idéia de política pública, redirecionando o eixo de organização do governo da lei para as políticas."

[179] Ver Capítulo II, item II.2.6.

[180] Citação na p. 255 de Bucci, Maria Paula Dallari. Políticas públicas e direito administrativo. **Direito administrativo e políticas públicas**. São Paulo: Saraiva, 2002.

tradicional sentido de norma geral e abstrata. São modelos que coexistem, cabendo ao Direito de Segurança Pública explicitar princípios dessa coexistência.

A política de segurança pública se vale do auxílio do direito para a definição de alguns termos utilizados em segurança pública. Um exemplo emprestado de DAL BOSCO: "uma expressão como 'autoridade pública' não suscita dúvidas quando se trata de uma autoridade legitimada pelo ordenamento, que exerce funções de governo sobre os administrados e territórios definidos. Mas, quando se trata de órgãos, instituições, 'estatutos' do poder público, tem-se verdadeira 'zona cinzenta', que não é claramente pública, nem privada. Os autores sugerem que 'autoridade pública' deve ser entendida como o organismo que administra um bem coletivo, desde que disponha de um procedimento específico de opções, que possua uma autoridade própria e que atue por meio de um aparato organizado".[181]

Uma vez caracterizado o seu conteúdo nas dimensões jurídico-políticas, a política de segurança pública pode ser devidamente classificada, de modo a proporcionar enquadramentos que facilitam estudos comparativos, viabilizam reparações de políticas ainda em elaboração ou implementadas, assim como orientam processos de avaliação.

II.2.5 – Classificações das Políticas de Segurança Pública

Políticas de segurança pública são costumeiramente concebidas num movimento pendular que ora oscila na direção de reformas sociais, ora pende para o uso intensivo de estratégias policiais, repressivas e punitivas.[182] Adotando-se uma ou outra linha, ou eventualmente as duas a um

---

p. 241-278., referindo-se a Fábio Comparato (Ensaio sobre o juízo de constitucionalidade de políticas públicas. In **Estudos em homenagem a Geraldo Ataliba** (org. Celso Antônio Bandeira de Mello). São Paulo: Malheiros Ed., 1997. v.2, p. 343-359).

[181] P. 245 de DAL BOSCO, Maria Goretti. **Discricionariedade em políticas públicas**: um olhar garantista da aplicação da lei de improbidade administrativa. Curitiba: Juruá Editora, 2007. 479p.

[182] P. 170 de BEATO, Cláudio Chaves; PEIXOTO, Betânia Totino. Há nada certo. Políticas sociais e crime em espaços urbanos. In: SENTO-SÉ, João Trajano (Org.). **Prevenção da violência: o papel das cidades**. Rio de Janeiro: Civilização Brasileira, 2005. p. 136-202.

só tempo, a importância está em que a política de segurança pública atenda aos diversos aspectos que a façam ser potencialmente capaz de alcançar e manter a ordem pública. Na elaboração de políticas de segurança pública deve-se optar por critérios que proporcionem a construção de modelos que melhor se adaptem às estruturas estatais – sistema de justiça criminal, principalmente, mas não exclusivamente –, aos meios de resposta à criminalidade, públicos ou privados, e à realidade das sociedades às quais se destinam, especialmente quando se sabe, por exemplo, que vitimização por crimes não é homogênea, variando em função de áreas geográficas, situações localizadas, grupos sociais específicos (em função de idade, gênero, raça/cor, nível de renda etc.).[183] De igual maneira, as políticas de segurança pública devem ser examinadas não apenas com foco nas respostas às ações de agentes infratores, mas também voltadas às vítimas (potenciais ou efetivas) e à restruturação dos sistemas organizacionais da segurança pública.

A depender dos critérios, por vezes são definidas políticas contraditórias entre si e que não podem coexistir. Outras vezes, são identificadas políticas que, embora não contraditórias, são conflitantes. Cabe ao

---

[183] P. 189 de Mesquita Neto, Paulo. Fazendo e medindo progresso em segurança pública. **Praia Vermelha – Estudos de Política e Teoria Social**, Rio de Janeiro, n. 15, p. 184-196, 2º sem. 2006.

Beato Filho, Cláudio C. Políticas públicas de segurança: equidade, eficiência e accountability. Disponível em <http://www.crisp.ufmg.br/polpub.pdf>. Acesso: 25 jul 2007.

Diz o autor: "a idéia é não reformar indivíduos, o que é extremamente difícil, mas dificultar as condições de ocorrência de crimes. Isto é feito através da contratação de desempregados para atuarem como guardas civis uniformizados, mas sem autoridade policial. Além disso, existe uma Plataforma Nacional de Controle do Crime que analisa tendências da criminalidade a cada ano, e define prioridades e estratégias de ação para cada tipo de crime. Em relação ao roubo a mão armada, por exemplo, conseguiu-se uma significativa redução tornando os alvos deste tipo de ação mais difícil. O comércio foi orientado a deixar pouco dinheiro em caixa, a utilizar alarmes e outros obstáculos à ação criminosa, ou a instalar câmaras de vídeo e coisas assim.

Arremata o autor: "O que torna a 'prevenção situacional do crime' distinta é que ela busca articular esforços da sociedade e do governo no sentido de controlar a incidência de tipos específicos de crime através da manipulação de fatores tais como a disponibilidade de alvos, o incremento da vigilância e a motivação dos agressores (Felson, 1994). Trata-se de política que não abdica da necessidade de termos um sistema de justiça criminal eficiente e justo, mas que reconhece as limitações dele no controle da criminalidade".

formulador da política de segurança pública ter a sensibilidade de perceber estas situações.

De acordo com o critério, políticas de segurança pública classificam-se como:

1. Minimalistas ou maximalistas

O objeto da política de segurança pública, seja ela qual for e seja onde for, é a manutenção da ordem pública sob o ângulo da criminalidade. Na política de segurança pública dita minimalista[184], a atuação estatal é fortemente focada em um ou poucos tipos de ações estatais de controle da criminalidade. Tem a sua origem na crença de que essas ações são suficientes ao alcance e à manutenção da ordem pública. Exemplo dessa política é a que enfatiza e se basta na ação policial ou que entende que as expectativas de manutenção da ordem pública são satisfeitas com a introdução de penas mais severas.[185]

---

[184] A nomeclatura é adotada por MESQUITA NETO, p. 190 de MESQUITA NETO, Paulo. Fazendo e medindo progresso em segurança pública. **Praia Vermelha – Estudos de Política e Teoria Social**, Rio de Janeiro, n. 15, p. 184-196, 2º sem. 2006. No entanto, as concepções 'minimalista' e 'maximalista' daquele não coincidem com as aqui adotadas. Para MESQUITA NETO a concepção minimalista é aquela na qual "a redução de crimes, contravenções e/ou violências seria condição necessária e suficiente, ou pelo menos prioritária, para a melhoria da segurança pública. O objeto da política de segurança pública são os crimes, contravenções e violências, não as pessoas a eles expostas direta ou indiretamente, na condição de vítimas, agressores, testemunhas, familiares, membros da vizinhança ou da comunidade, etc.". Já Na concepção maximalista é, ainda no entender de MESQUITA NETO, "a melhoria da segurança pública é equacionada com a redução do medo e da insegurança e/ou a melhoria da qualidade de vida das pessoas na comunidade ou sociedade." Ou seja, simplificando, para MESQUITA NETO a concepção minimalista tem foco na redução de crimes, enquanto a maximalista volta-se à redução da insegurança.

[185] Vale ressaltar a contribuição de BEATO FILHO, Cláudio C. Políticas públicas de segurança: equidade, eficiência e accountability. Disponível em <http://www.crisp.ufmg.br/polpub.pdf>. Acesso: 25 jul 2007.

Esclarece que, p. 14, "A introdução de penas mais severas pode, paradoxalmente, torná-las menos frequentemente aplicáveis". Informa que, na verdade, "A questão é que a dissuasão relaciona-se não ao grau de repressão, mas a um incremento nos custos do crime, além de um incentivo benéfico para o não-crime".

Na p 15, o autor cita um estudo realizado pela *Rand Corporation*, no Estados Unidos, que analisou o "impacto de diferentes estratégias para prevenção de crimes através de programas de intervenção comparadas à introdução de uma legislação dura", p. 15. As conclusões foram de que "a estratégia de maior impacto é a legislação dura adotada

A política de segurança pública maximalista, por sua vez, é aquela que enfatiza a adoção de combinações de tipos de ações estatais. Nela a ação policial é importante, mas não suficiente, e deve estar conjugada com outras atividades.[186]

Evidentemente, minimalista e maximalista são macroconcepções de políticas de segurança pública. Entre elas existem gradações que variam de acordo com a tendência de adoção de uma ou de outra. Extremas, são concepções que coexistem na medida em que ambas são defensáveis. No entanto, na elaboração e na implantação de uma política de segurança pública, são concepções que se chocam visto que postulam estratégias divergentes. Noutras palavras, são concepções a um só tempo coexistentes e conflitantes.

2. Gerais (abrangentes) ou locais

A política de segurança pública no território pode ser classificada como geral, entendida como abrangente, ou local. A exemplo da classificação anterior, didaticamente tomam-se situações extremas, admitindo-se soluções intermediárias do tipo política de segurança pública *regional*.

Várias são as causas da criminalidade, como também são diversas as suas manifestações conforme o país e, dentro deste, conforme a localidade. Isso implica em políticas de segurança pública diferenciadas que foquem peculiaridades de cada país, região, cidade, bairro etc. Nada impede que uma política de segurança pública seja do tipo geral, prevendo uma mesma estratégia sobre todo um território, ao mesmo tempo em que

---

na Califórnia, que foi capaz de reduzir o crime em 21.4%. Em contrapartida, trata-se de uma estratégia extremamente cara, pois envolve a construção de prisões e a manutenção de pessoal especializado nelas", p. 16.

[186] Soares valoriza a concepção maximalista vez que, afirma o autor: P. 102: As políticas públicas de segurança devem ser "inteligentes, pluridimensionais, intersetoriais e sensíveis às especificidades locais, em larga escala, capazes de interceptar as microdinâmicas imediatamente geradoras da criminalidade violenta, sobretudo de natureza letal, em um cenário caracterizado pela manutenção dos atuais indicadores de desigualdade, pobreza, qualidade de vida degradada, deficiências na escolaridade e precariedade no acesso aos direitos, facilitando crises familiares, e grando vulnerabilidade, baixa auto-estima, sentimento de exclusão, estigmatizações, invisibilidade social e dupla mensagem cultural..." In Soares, Luiz Eduardo. Segurança pública: presente e futuro. **Estudos Avançados**. v. 20, n. 56, 2006. Disponível em: <http://www.scielo.br/scielo.php?script=sci_arttext&pid=S0103-40142006000100008 >. Acesso: 23 dez 2008.

estabeleçam ações particularizadas de acordo com as necessidades de manutenção da ordem pública regionais ou locais.

Não havendo modelos únicos e gerais aplicáveis a todas as localidades, a qualidade de uma política de segurança pública depende da "consistência de cada programa, cada projeto e cada ação", e tal consistência "depende, por sua vez, do conhecimento de cada bairro, região da cidade, praça ou rua".[187]

Segundo SOARES, para um diagnóstico local sobre a dinâmica da criminalidade, faz-se indispensável conhecer concretamente manifestações do território focalizado e de seus habitantes: da economia à saúde local; da estrutura familiar às escolas; do cenário urbano à disponibilidade de transporte; das condições habitacionais ao lazer; das oportunidades de emprego às relações comunitárias; do perfil psicológico predominante, em cada situação típica, ao potencial cultural presente nos movimentos musicais ou estéticos da juventude.[188]

---

[187] P. 96 de SOARES, Luiz Eduardo. Segurança pública: presente e futuro. **Estudos Avançados**. v. 20, n. 56, 2006. Disponível em: <http://www.scielo.br/scielo.php?script=sci_arttext&pid=S0103-40142006000100008 >. Acesso: 23 dez 2008.

Na p. 97 diz o autor: "É necessário circunscrever a área sobre a qual incidirá a política, ainda que se tenha em mente que as realidades locais se interpenetrem, porque as dinâmicas sociais não respeitam fronteiras entre espaços urbanos".

Na p. 98: "A importância da circunscrição territorial para as políticas preventivas decorre de fatores intersubjetivos e objetivos. Quando um prefeitura, em comum acordo com a comunidade, define uma agenda local – o que requer focalização política –, mobilizando todos os seus órgãos e recursos e envolvendo os meios de comunicação de massa no mutirão organizado, tem chances de: a) infundir responsabilidade pelas iniciativas conjuntas; b) difundir esperança no sucesso do empreendimento; c) valorizar aquela área urbana e seus moradores; d) redefini-los ante a opinião pública da cidade como protagonistas da mudança, sujeitos da transformação, construtores da paz, promotores da ordem urbana cooperativa e solidária, exemplos para a sociedade. Quando a prefeitura consegue alcançar esses resultados, e) logra converter o estigma (residentes de área degradada, maculada pela violência) em índice positivo (habitantes da área que se tornou paradigma da civilidade urbana), fazendo que as expectativas se invertam, estabilizando-se na direção positiva."

Ainda na p. 98: "Do ponto de vista objetivo, a focalização territorial é indispensável para que o diagnóstico seja suficientemente qualificado, os projetos sejam desenhados com precisão, os investimentos multissetoriais confluam, alcancem a sinergia necessária e se articulem com a mobilização da própria comunidade, estabelecendo parcerias e redes operacionais na base."

[188] SOARES, Luiz Eduardo. Segurança pública: presente e futuro. **Estudos Avançados**. v. 20, n. 56, 2006. Disponível em: <http://www.scielo.br/scielo.php?script=sci_arttext&pid=S0103-40142006000100008 >. Acesso: 23 dez 2008.

3. Distributivas ou redistributivas

As políticas de segurança pública classificam-se em políticas de segurança pública distributivas ou redistributivas. Política de segurança pública distributiva implica intervenções estatais de baixo grau de conflito vez que um grande número de indivíduos se beneficia sem custos aparentes. Exemplo de política de segurança pública distributiva é aquela na qual se prevê a formação profissional de jovens de baixa renda como forma de afastá-los da marginalidade, de maneira a influir em índices de criminalidade com objetivo de manutenção da ordem pública.

A política de segurança pública de caráter *redistributivo* foca o deslocamento de recursos de toda ordem para beneficiar certas camadas sociais ou grupos da sociedade, gerando descontentamento revelado na polarização e costumeiro conflito do processo político. Tal ocorre, exemplificativamente, quando se decide pela intensificação de melhorias urbanas gerais em certas localidades, provocando a contrariedade em outras.

4. Reguladoras ou constitutivas (estruturadoras)

Políticas de segurança pública reguladoras trabalham com ordens e proibições, decretos e portarias. Frequentemente seus objetivos são evitar comportamentos considerados negativos.[189]

Já as políticas de segurança pública constitutivas ou políticas de segurança pública estruturadoras referem-se, entre outros, à criação, modificação e modelação de instituições, bem como à determinação e configuração dos processos de negociação, de cooperação e de consulta entre os atores políticos.

5. Preventivas ou reativas

As políticas de segurança pública classificam-se como preventivas ou reativas, classificação essa que não se confunde com prevenção e repressão ao *crime*. O objeto da política de segurança pública é a ordem

---

[189] Para DAL BOSCO, p. 302, "nem sempre o número de sanções aplicadas será indicador de uma boa política, pois um alto número de violações irá refletir-se num aumento da atividade sancionadora, próprio do baixo índice de eficiência". (DAL BOSCO, Maria Goretti. **Discricionariedade em políticas públicas**: um olhar garantista da aplicação da lei de improbidade administrativa. Curitiba: Juruá Editora, 2007. 479p.)

pública – a *criminalidade* compatível com a sociedade em equilíbrio dinâmico – e, portanto, quanto a criminalidade, e não quanto ao crime, é que se define a política de segurança pública como preventiva ou reativa. Prevenir e reprimir o crime diz respeito, em linhas gerais, a evitar o seu acontecimento ou punir quem o pratique. Prevenir ou reagir à criminalidade, em política de segurança pública, tem a ver com atuar para que a criminalidade mantenha-se num patamar desejado ou atuar para que o seu índice retorne a um nível ideal ou, ainda, evitar que outros desequilíbrios ocorram, livrando a sociedade de riscos, salvo para a configuração de um novo patamar no qual a segurança pública, qualitativa e quantitativamente, se estabeleça de forma avançada.

Denomina-se política de segurança pública *preventiva primária* aquela elaborada com o objetivo de manter a criminalidade em nível condizente com a estabilidade social. Se ocorre o desequilíbrio, faz-se então presente a política de segurança pública *reativa* que, por sua vez, se subdivide em: política de segurança pública *repressiva*, que é a política que visa retornar a criminalidade ao patamar desejado; ou política de segurança pública *preventiva secundária*, que é aquela que evita que os índices de criminalidade novamente ultrapassem o nível de estabilidade.

Gráfico n.º 05

Certo é que a política de segurança pública *reativa* não é necessariamente *repressiva*, enquanto a *preventiva secundária* decorre de situações de desequilíbrio anterior. Na *secundária*, são previstos mecanismos de atuação especial sobre as causas do desequilíbrio pré-existente, de forma tal que a criminalidade fica contida no desejado. A *preventiva secundária* decorre de que o desequilíbrio social provoca desequilíbrio na criminalidade tanto quanto a criminalidade provoca desequilíbrio social.

6. Estruturais ou tópicas (superficiais)

Quanto a profundidade, a política de segurança pública classifica-se em estrutural ou tópica (superficial). A política de segurança pública estrutural é aquela que visa alcançar ou manter a ordem pública mediante ações sobre macroestruturas socioeconômicas. Essa política estrutural tem como característica normalmente observada demandar longo prazo para operar efeitos e estes efeitos tendem a ser duradouros.

A ação sobre condições imediatas com o mesmo objetivo de alcançar e manter a ordem pública é própria da política de segurança pública dita tópica (ou superficial) e serve especialmente a ocasiões de pronta resposta a variação indesejada da criminalidade, sendo utilizada notadamente quando concebida ordem pública como oposto de desordem, nas ocasiões em que a criminalidade dá sinais de desequilíbrio. Neste caso, os resultados são colhidos no curto prazo, mas seus efeitos normalmente não perduram além do tempo necessário ao reequilíbrio da criminalidade.

São tipos não mutuamente excludentes ou contraditórios, mas têm finalidades distintas porque operam com expectativas temporais e feitos também distintos.

7. Multisetoriais ou específicas

Por intermédio da política de segurança pública *multisetorial* o Estado elabora diretrizes que dependem de ações distribuídas por diversos segmentos, públicos ou privados, seja quanto a órgãos estatais ou outros agentes envolvidos, seja no que diz respeito a áreas de atuação – educação, família, sistema prisional etc – sempre, evidentemente, com fim específico de manutenção da ordem pública. Os vários setores podem estar envolvidos de forma tal que atuem separadamente ou agem concatenadamente, caso em que a denominação variante adequada é política de segurança pública *intersetorial*.

Quando a política de segurança pública tem por característica ações acentuadas num único setor ou se vale da atuação destacada de um único órgão, faz-se presente a política de segurança pública do tipo *específico*. Aqui está incluída, por exemplo, a política de segurança pública centrada primordialmente na ação policial, caso em que a política de policiamento ganha *status* de política de segurança pública.

8. De combate a criminalidade genérica ou de combate a criminalidade específica

A elaboração de política de segurança pública que tenha por finalidade o combate a criminalidade genérica ou específica não decorre do dado quantitativo tomado isoladamente. A política de segurança pública é elaborada e implementada para combater a criminalidade que possa alterar ou efetivamente altera o equilíbrio a estabilidade social. Vale-se, pois, do dado quantitativo conjuntamente com outras avaliações qualitativas por meio das quais se detecte os efeitos sobre a ordem pública. Há que se considerar a hipótese de que uma criminalidade específica comprometa o equilíbrio social mesmo que não tenha expressão quantitativa por si só relevante.

9. Emergenciais ou contínuas

Para compreensão de ordem pública há que se trabalhar com a idéia de processo, de algo não estanque, de sistema social em dinâmica. Política de segurança pública atende a este caráter de forma tal que, ao longo do tempo, a ordem pública, por mecanismos reguladores, seja alcançada e mantida, perpetuando-se num contínuo processo de flutuação. A política de segurança pública do tipo contínua é aquela que especifica atuações ao longo de tempo, ou seja, considera a variável do tempo.

Por outro lado, e como já visto, é possível pontuar a ordem pública elegendo um instante exato na linha do tempo. A política de segurança pública dita emergencial não é aquela feita às pressas, mas sim aquela elaborada com antecedência e que prevê instrumentos de pronta ação em determinado momento (instante T*x* do gráfico nº 1), quando necessário for, para restabelecer a ordem pública – neste caso, como demonstrado, trata-se de mecanismos de recuperação, alcance ou manutenção da ordem tomada em oposição a desordem. É uma política para implementação em curto espaço de tempo e com efeitos imediatos. Para fácil entendimento, pode ser denominada política de segurança pública de 'mecanismos emergenciais'.

Para qualquer classificação, o direito juridiciza a política de segurança pública. Esta função é exclusiva do Direito de Segurança Pública, cujos efeitos geram responsabilidades.

II.2.6 – Política de segurança pública e responsabilidade do Estado

A segurança pública é dever intransferível do Estado. O Estado, entretanto, não está obrigado a elaborar e implementar políticas de segurança pública. A sua obrigação é manter a ordem pública na medida em que, mantendo-a, somente assim há convivência social com liberdade. Sem a busca de liberdade não há Estado que se justifique. Ou seja, a manutenção da ordem pública pode ocorrer independentemente da existência de política de segurança pública que a operacionalize, sendo descabida qualquer cobrança no sentido de obrigar o Estado a formular e implementar políticas de segurança pública. Cumpre ao ordenamento jurídico de cada Estado estabelecer regras e princípios constitucionais e infraconstitucionais que impliquem no dever do governante exercer segurança pública com eficiência, sob pena de sofrer sanções. Cumpre também ao Estado criar mecanismos legais específicos e órgãos capazes e independentes para cobrarem o cumprimento daquele dever. Neste contexto, não resta outra alternativa ao governante senão prestar segurança pública com eficiência.

Para prestar segurança pública a que está obrigado, o governante tem duas opções: exercer a segurança pública com eficiência sem o uso de políticas de segurança pública; ou exercer a segurança pública mediante a elaboração e implementação de políticas de segurança pública. Por definição, o conjunto de programas, estratégias, ações que compõem uma política de segurança pública agem como catalisadores do processo de contínua manutenção da ordem pública, de forma a que, ao optar pelo uso de política de segurança pública, o governante tem melhores condições de se desincumbir do dever de manutenção da ordem pública.

Evidentemente a adoção de política de segurança pública não livra o governante de suas responsabilidades. Se por um lado lança mão de um instrumento que pode ser reconhecidamente eficiente para o cumprimento da finalidade a que se destina, por outro a política de segurança pública gera efeitos jurídicos abrindo vez para que se impute responsabilidade ao governante por eventual omissão – não compreensão na política de segurança pública de tudo aquilo necessário à manutenção da ordem pública – ou por má efetivação da política de segurança eleita. Ou seja, não basta ao governante optar por uma política de segurança pública. Essa há de ser plenamente adequada à sociedade na qual será implementada, e se adequada, deve ser implantada com eficiência.

Certo é, também, que ao se tratar de política de segurança pública, tem-se a *criminalidade* como objeto e não o *crime*. Assim, não há cabimento em ser o Estado responsabilizado por prejuízos advindos de *crime* praticado contra o indivíduo, quando a alegação seja de que a política de segurança é inexistente, omissa ou mal implementada. No caso, a responsabilidade estatal estará no âmbito do Direito Administrativo no qual se discutirá eventual conduta omissa por parte de agentes administrativos, com aplicação ou não da teoria da responsabilidade objetiva. Na esfera do Direito de Segurança Pública o que é discutível, em tese, quanto a responsabilização do Estado, são os efeitos dos prejuízos decorrentes da *criminalidade* cujo patamar extrapolar os limites máximo ou mínimo da *zona de estabilidade* que definem a ordem pública.

II.3 – Autonomia

O Direito de Segurança Pública normatiza a política de segurança pública. É o ramo do direito cuja destinação é ordenar juridicamente os instrumentos da política de segurança pública. Tal finalidade confere-lhe autonomia. Quanto melhor traduzidas normativamente as diretrizes de uma política de segurança pública, maiores são as chances de se alcançar resultados desejados.

Juridicamente estabelecida uma política de segurança pública, o exercício dos atos executórios discricionários, inclusive, por agentes públicos de segurança devem exprimir aquela política. As normas de Direito de Segurança Pública são, pois, balizadoras da conduta dos agentes de segurança pública.

Direito de Segurança Pública não se confunde com o Direito Administrativo. Enquanto o Direito de Segurança Pública está focado na ordenação jurídica dos *instrumentos* de política de segurança pública, o Direito Administrativo, ou o Direito Administrativo da Segurança Pública, caso se queira especificar, cuida de ordenar juridicamente a *consecução* dos fins fixados naquela política.[190] Os atos administrativos de segurança pública, sejam eles discricionários ou vinculados, ainda que atos políticos,

[190] Atividades que não sejam, evidentemente, a criação de norma legal, no sentido estrito, pelos órgãos legiferantes, ou a sua aplicação a situações contenciosas, ainda no sentido estrito, pelos órgãos judicantes.

têm limites não apenas no Direito Constitucional, mas também no Direito de Segurança Pública.[191] Compreendem medidas preventivas e medidas repressivas que têm a *adequação às normas da política de segurança pública* como um atributo específico que se acresce aos já conhecidos discricionariedade, auto-executoriedade e coercibilidade, todos no âmbito do exercício do poder de polícia.[192]

O Direito de Segurança Pública sofre influência e influencia os ramos do direito que lidam com a temática criminal, mas deles independente. O tema do Direito de Segurança Pública guarda harmonia mas seu método não se confunde com os de outras disciplinas já consagradas e individuadas tais como o Direito Penal e o Direito Processual Penal.

II.4 – Metodologia

A metodologia do Direito de Segurança Pública parte da observação sistêmica da sociedade, com foco, não nos indivíduos, mas nas relações – de vinculação e oposição – entre eles, e da identificação do processo de ordenação social (de convivência social dinamicamente equilibrada). Tomam-se aqui métodos da *Ciência Social.* O processo de equilíbrio social figura, num primeiro momento, como núcleo da norma de Direito de Segurança Pública.

Vai-se, então, à caracterização da política de segurança pública, ainda sob enfoque sistêmico – estrutura do sistema de política de segurança pública –, realizando o ajustamento das respostas à criminalidade

[191] P. 301 de Dal Bosco, Maria Goretti. **Discricionariedade em políticas públicas**: um olhar garantista da aplicação da lei de improbidade administrativa. Curitiba: Juruá Editora, 2007. 479p.: "Os princípios que orientam a atividade pública também devem ser observados na definição e na execução de políticas públicas, ainda quando esta tarefa esteja inserida entre os chamados atos discricionários da Administração. Tais atos devem estar conforme a legalidade, a transparência, a impessoalidade, a moralidade e a eficiência, entre outros princípios."

[192] Na p. 83 de Moreira Neto, Diogo de Figueiredo. Direito administrativo da segurança pública. In: Cretella Júnior, José (Coord.). **Direito administrativo da ordem pública**. 3ª ed. Rio de Janeiro: Forense, 1998. p. 65-86.: "Direito Administrativo da Segurança Pública é, em consequência, o ramo do Direito Administrativo que disciplina as atividades do Estado, no exercício do poder de polícia, na manutenção e restauração da Ordem Pública."

(informações) ao sistema social de forma tal que a sociedade seja ou conduzida à estabilidade, ou nesta mantida (política de segurança pública como mecanismo de regulação social).

Por fim, a dedução jurídica de 'ordem pública' – convivência social em equilíbrio sob a visão do direito – e o tratamento também jurídico na elaboração das hipóteses e das conclusões relativas à política de segurança pública. Vai da identificação da 'norma' em que a política de segurança pública figura como conteúdo, à elaboração, interpretação, aplicação das leis, ou mesmo pesquisa científica do Direito de Segurança Pública.

O Direito de Segurança Pública juridiciza qualquer política de segurança pública. Isso ocorre porque é possível identificar elementos *invariáveis* que servem à caracterização de 'todo' sistema de política de segurança pública.[193] Ou seja, as relações entre Estado e sociedade, assim como as relações entre os indivíduos, devem ser estabelecidas sobre invariantes, "fenômenos que seriam os mesmos para todos os homens que vivem em sociedade e todos os Estados, e, neste sentido, universais".[194]

---

[193] O método adotado é inspirado naquele descrito por Delmas-Marty em Delmas-Marty, Mireille. **Os grandes sistemas de política criminal**. Barueri: Manole, 2004. 562p.

[194] P. 60 de Delmas-Marty, Mireille. **Os grandes sistemas de política criminal**. Barueri: Manole, 2004. 562p.

A autora tece considerações sobre invariantes: na p.76, "Sobre a noção de invariantes, lembraremos a clássica objeção de Sartre (*Situations IV*, Gallimard, 1964, p. 277 e segs.): a invariante não poderia existir em ciências humanas uma vez que o homem nunca será 'nem o animal de uma espécie, nem o objeto de um conceito universal, e sim, a partir do momento em que surge, o brilho de um acontecimento', e uma vez que se admite a afirmação: 'todo homem é todo o homem'. Mas ele não é todo o corpo social e a constatação que fica é a de que, ao se tornar social, toda a criação humana, originariamente individual, 'perde, durante esta promoção, o essencial dos fatores devidos à probabilidade que a compenetravam no início e que podiam ser atribuídos ao temperamento, ao talento, à imaginação e às experiências pessoais de seu autor' (Lévi-Strauss, *L'homme nu*, p. 569 e segs.).

"Mais precisamente, 'apenas os níveis estruturados que repousam sobre bases comuns permanecerão estáveis, enquanto os níveis probabilistas manifestam uma extrema variabilidade'. Definitivamente, à medida em que a atividade individual se prende ao cimento social, 'esses níveis probabilistas se chocarão uns com os outros. Eles também gastarão uns aos outros, retirando progressivamente da massa do discurso aquilo que se poderia chamar de suas partes cristalinas' (*ibid.*)."

Na p. 77: Valendo-se de Durkheim (*Formes élémentaires de la vie religieuse*, PUF, 5, 5. ed., 1968, p. 633: 'A sociedade não é o ser ilógico ou alógico, incoerente e lunático

Para sobreviver, toda sociedade cria normas jurídicas tipificadoras de condutas criminosas que, se praticadas, sujeitam os agentes à reprovação estatal. Seria razoável imaginar a existência de sociedade na qual tais práticas não ocorram. Por motivos que variam em suas explicações, não é o que se verifica: em qualquer sociedade humana a *criminalidade* se faz presente e constitui, como tal, no que interessa à política de segurança pública, uma invariante.

Em decorrência da efetiva ou da potencial prática criminosa, o Estado atua, sob pena da desagregação ou do desaparecimento da sociedade livre. A *atuação do Estado* em resposta à criminalidade objetiva a manutenção da ordem pública e é também uma invariante.

A *criminalidade* e a *atuação do Estado* são, pois, os pólos invariantes do sistema de política de segurança pública fundamentado nas relações essenciais *criminalidade – ação do Estado* e *criminalidade – reação do Estado*. A *ação do Estado* compreende atuações preventivas ao fenômeno criminal, ao passo que a *reação do Estado* implica respostas à criminalidade concretizada. Mas as 'relações essenciais' são insuficientes à caracterização do sistema de política de segurança pública que sirva efetivamente, ou seja, de forma prática, ao alcance e à manutenção da ordem pública. A decomposição dessas relações resulta na *atuação direta do Estado na segurança pública* e na *atuação indireta do Estado na segurança pública*, segundo o esquema ilustrativo de atuações:

Atuação Direta do Estado na Segurança Pública

Atuação Direta Principal
- atuação policial
- política criminal
- sistema penitenciário

Atuação Direta Lateral
- atuação do Ministério Público
- atuação do Poder Judiciário

que com frequência nos regozijamos em ver nela. Pelo contrário, a consciência coletiva é a forma mais elevada da vida psíquica, já que ela é uma consciência da consciência. Colocada fora e acima das contingências individuais e locais, ela não vê coisas senão por seu aspecto permanente e essencial, que ela fixa em noções comunicáveis.'

Atuação Indireta do Estado na Segurança Pública

Atuação Indireta por Direção

autorização e fiscalização das empresas privadas de segurança particular

Atuação Indireta por Indução

políticas públicas para a segurança pública
políticas sociais de cunho assistencial
políticas sociais de natureza Socioeconômicas
políticas socioeducativas

Atuação Indireta por Mobilização

política social participativa

CAPÍTULO III
Atuação do Estado na Segurança Pública

Com política de segurança pública visa-se alcançar e manter a *ordem pública*, o que significa, em última instância, a sobrevivência da sociedade livre. O fim é único e invariável. Admite-se variação, no entanto, na forma de se atingir aquele objetivo: qual política de segurança pública a ser adotada, ou ainda, como o Estado atuará na e sobre a segurança pública. Essa variação decorre, *em parte*, da corrente ideológica que, fruto de valores eleitos pela sociedade, comandará aquela escolha. São três os grandes eixos de correntes ideológicas: corrente liberal, corrente igualitária e corrente autoritária[195], respectivamente correspondentes aos valores da liberdade, da igualdade e da autoridade. Dois são os principais efeitos da corrente liberal sobre a definição de políticas de segurança pública e, por consequência, sobre a atuação estatal. O primeiro diz respeito à limitação da atuação do Estado mínimo. Ou seja, valoriza-se a atuação da sociedade na busca de respostas às questões de segurança pública e o Estado, ciente disso, age como garantidor desse quadro, por vezes assumindo o papel de indutor. Noutros termos, o Estado age onde a sociedade se faz incapaz de agir bem.

A segunda consequência – diretamente vinculada e decorrente da primeira – é o fortalecimento do princípio da *legalidade*, de forma tal que ninguém seja obrigado a fazer coisas que a lei não obrigue, e forçado a deixar de fazer aquelas que a lei permite, devendo a lei ser entendida em sua a acepção *material*, e não *formal*, para compreender o direito não-escrito e não apenas os textos legais escritos.

---

[195] Vide p. 45 de DELMAS-MARTY, Mireille. **Os grandes sistemas de política criminal**. Barueri: Manole, 2004. 562p. Considerar que a autora ali trata de política criminal, mas as idéias expostas aplicam-se à política de segurança pública.

Com a revolução francesa, a corrente liberal sofre críticas e afirma-se a corrente igualitária: "A corrente igualitária se fundamenta em uma crítica ao liberalismo e à desigualdade que este engendra na realidade: embora tenha o mérito de manter uma democracia formal (garantida pelas leis e pela Constituição), o liberalismo fracassaria sempre em instaurar a democracia real".[196] Exige-se do Estado uma atuação incisiva de forma a aparar as diferenças impostas pelas forças sociais, especialmente econômicas. Ocorre que a corrente igualitária se divide em dois ramos divergentes. As políticas de segurança pública deles surgidas são substancialmente distintas se de acordo com o *movimento libertário* (Proudhon), ou com o *movimento autoritário* (marxismo-leninismo). O movimento libertário ou anarquista "tem por ambição estabelecer um regime de liberdade ilimitada, reconhecendo, ao mesmo tempo, a igualdade total".[197] Para tanto, suprime-se o Estado e incita-se o terrorismo, além de se recusar qualquer legislação, qualquer autoridade, qualquer influência.[198] Já na tendência autoritária, em oposição ao movimento libertário, dentro ainda da corrente igualitária, prestigia-se o princípio da legalidade ao mesmo tempo em que se rejeita a idéia de primazia do direito sobre o Estado. Afirma-se a independência relativa, senão absoluta, do Estado e do direito.

Por fim, a corrente totalitária visa abertamente a dominação total com a autoridade centrada na pessoa de um chefe carismático a serviço de uma nação, de uma raça – facismo –, ou de uma religião – integrismo. Numa ou noutra versão, há uma tendência de acentuar a atuação do Estado na segurança pública, "geralmente por um reforço paralelo dos poderes da polícia".[199] "Ao serviço da vontade de poder da nação ou da religião, a autoridade absoluta que se encarna na pessoa do chefe impõe a rejeição do princípio da legalidade. Assim, todo desvio, sobretudo religioso ou

---

[196] P. 49 de Delmas-Marty, Mireille. **Os grandes sistemas de política criminal**. Barueri: Manole, 2004. 562p.

[197] P. 50 de Delmas-Marty, Mireille. **Os grandes sistemas de política criminal**. Barueri: Manole, 2004. 562p.

[198] P. 51 de Delmas-Marty, Mireille. **Os grandes sistemas de política criminal**. Barueri: Manole, 2004. 562p. Destacando Bakounine, diz a autora que "este movimento de idéias provocou, aliás, no final do século XIX, um terrorismo anarquista, por vezes dramático e por vezes insignificante, ilustrado por alguns processos famosos."

[199] P. 58 de Delmas-Marty, Mireille. **Os grandes sistemas de política criminal**. Barueri: Manole, 2004. 562p.

político, pode ser considerado como infração e punido como tal. Correlativamente, a severidade das sanções quase sempre é aumentada".[200]

A liberdade, igualdade e a autoridade ao mesmo tempo, e de alguma forma, delimitam a criminalidade e a atuação do Estado e da sociedade em resposta ao fenômeno criminal. No entanto, a política de segurança pública só aparentemente se explica pela influência de uma ou outra corrente ideológica, mesmo dominante. Além do sistema das correntes contrárias nas sociedades pluralistas, a política de segurança pública é sempre consequência de muitos outros fatores, não somente políticos, mas econômicos e culturais. "Resultante, jamais fixa, equilíbrio sempre instável, imagens obstinadamente múltiplas".[201]

Seja como for, a atuação do Estado para o alcance e a manutenção da *ordem pública* decorre e ao mesmo tempo provoca processo de *automanutenção e automudança* da segurança pública. Por meio de *mecanismos reguladores de realimentação*, a sociedade, na figura do Estado, recebe informações políticas, econômicas, culturais e outras sobre os resultados de seu desempenho passado e atua ininterruptamente para ajustar a sua conduta futura.

O *feedback* viabiliza a autoregulação – não apenas em sentido jurídico – e é um fator importante para o comportamento estatal dirigido ao alvo que é o controle da criminalidade no patamar de estabilização social (equilíbrio dinâmico), corrigindo desvios em relação a um quadro a ser mantido (*zona de estabilidade*).

Para tanto, e ressaltando que a segurança pública é dever estatal – o que não afasta a responsabilidade da sociedade –, o Estado atua seja por meio da prestação do serviço público de segurança, seja por meio de técnicas de direção – intervindo, inclusive, na atividade da segurança privada – ou mesmo utilizando técnicas de indução. Na realidade, por razões de ordem teórica, é difícil separar programas e ações de natureza mais dissuasória de programas sociais, vez que se trata de processos de controle social.[202]

---

[200] P. 59 de DELMAS-MARTY, Mireille. **Os grandes sistemas de política criminal**. Barueri: Manole, 2004. 562p.

[201] P. 59 de DELMAS-MARTY, Mireille. **Os grandes sistemas de política criminal**. Barueri: Manole, 2004. 562p.

[202] P.171 de BEATO, Cláudio Chaves; PEIXOTO, Betânia Totino. Há nada certo. Políticas sociais e crime em espaços urbanos. In: SENTO-SÉ, João Trajano (Org.). **Prevenção da violência: o papel das cidades**. Rio de Janeiro: Civilização Brasileira, 2005. p. 136-202.

O Estado se vale do Direito de Segurança Pública que não apenas harmoniza os setores envolvidos na questão 'segurança', como, fundamentalmente, serve de ferramenta para o alcance de determinados fins que, num primeiro momento é o alcance da ordem pública e, depois, a manutenção dessa ordem pública. De acordo com a atuação estatal sob análise, o Direito de Segurança Pública enseja a adoção de critérios e técnicas jurídicas distintas entre si.

A atuação do Estado na segurança, evidência da política de segurança pública adotada, reparte-se em *atuação direta*, que pode ser *atuação direta principal* ou *atuação direta lateral*, e em *atuação indireta*, que pode ser *atuação indireta por direção* ou *atuação indireta por indução.*

A seguinte esquematização de atuações estatais, que definitivamente não é exaustiva, diz respeito ao tipo de atuação do órgão: se a atuação é direta ou indireta, ou seja, se o Estado atua *na* segurança pública, diz-se que há uma atuação direta. Se o Estado atua *sobre* a segurança pública, tem-se o caso de atuação indireta.

No caso da atuação direta, há também que se fazer uma distinção quanto a finalidade do órgão estatal em ação. Se o órgão tem como primeira função atuar nas questões de segurança pública, diz-se que se trata de uma atuação principal. Por outro lado, se embora atuando na segurança pública, o órgão não tem como objeto precípuo a segurança pública, há uma atuação do tipo lateral. Não há, entretanto, que se diminuir a importância da atuação lateral. Ao contrário. Como será visto, pode alcançar tanto questões conjunturais quanto estruturais da segurança pública.

Quando atua *sobre* a segurança pública, o Estado assume as seguintes condutas: dirigindo e/ou fiscalizando terceiros que de alguma forma têm influência na segurança pública; induzindo terceiro, que pode a própria sociedade, toda ela ou parte, a se movimentar em prol do aprimoramento e da manutenção da ordem pública.

Com pequenos ajustes, os critérios de classificação são aplicáveis a qualquer país. O que normalmente varia são os órgãos quanto a natureza de sua atuação ou quanto a sua estrutura na administração pública.[203]

---

[203] P. 43 de Sapori, Luís Flávio. **Segurança pública no Brasil**: desafios e perspectivas. Rio de Janeiro: Fundação Getúlio Vargas, 2007. 207p.

"Pode-se dizer que o arranjo institucional da segurança pública compõe um complexo sistema organizacional e legal que por sua vez divide-se em subsistemas com

III.1 - Atuação Direta do Estado na Segurança Pública

O Estado atua diretamente *na* segurança pública quando assume a condição de protagonista e a sua atuação influi decisivamente nos rumos da segurança pública. A atuação direta ocorre em dois níveis, *principal* e *lateral*.

III.1.1 - Atuação Direta Principal

Além de ser protagonista e da sua atuação ser de inquestionável importância para a segurança pública, o Estado atua diretamente na forma *principal* ao se valer de órgão especificamente criado para o fim de atuação na segurança pública.

- Da atuação policial

Polícia: origem do termo

O vocábulo *polícia* (*police; police; polizia; polizei*) procede da expressão grega *politeia* que significava a constituição do cidade-estado (*polis*), o *status* dos cidadãos livres que nele viviam, bem como a arte de governar ou a arte de tratar da *coisa pública.*[204] Era o conjunto de leis ou regras impostas ao cidadão (de cidade, *civitate*), com o fito de assegurar a moral, a ordem e a segurança pública, ou significando também a limpeza, a organização, a civilidade, visando, enfim, a tranquilidade e a segurança do grupo social.[205] Não há correspondência com o significado atual de polícia.[206] Entre os gregos representava *todas* as atividades do estado.[207]

características próprias e singulares, mas que estão articulados, em princípio, por uma divisão de trabalho e complementaridade de funções. Estão inseridos nesse processo sistêmico o subsistema policial, o subsistema judicial e o subsistema prisional."

[204] P. 24 de ROLIM, Marcos. **A síndrome da rainha vermelha**: policiamento e segurança pública no século XXI. Rio de Janeiro: Jorge Zahar Ed., 2006. 311p.

[205] P. 3 de MORAES, Bismael B. Uma introdução à segurança pública e à polícia brasileira na atualidade. In: ___. **Segurança pública e direitos individuais**. São Paulo: Editora Juarez de Oliveira, 2000. p. 1-22.

[206] P. 16 de ALFONSO, Luciano P.; DROMI, Roberto. **Seguridad pública y derecho administrativo**. Madrid: Marcial Pons, 2001. 410 p

"A lo largo de los siglos, el concepto 'policía' ha ido experimentando un proceso continuo de redussión de su ámbito, de suerte que hoy sólo comprende la defesa frente

Polícia: breve evolução histórica

Nas sociedades antigas já eram notadas estruturas policiais informais. Entre os *maori, lapp, riffian, thonga, sírios, ashanti, cheyenne, creek, cuna, crow* e *hopi* formas de policiamento público eram percebidas.[208] A função policial, entendida como a sujeição dos homens em sociedade a princípios, preceitos e ordens da autoridade constituída, não tem origens recentes. Na China antiga para cada rua das cidades importantes era destinado um funcionário de polícia com a função de lembrar a todos as prescrições da lei, registrar os habitantes, e vigiar as pessoas duvidosas. Estes funcionários prestavam contas ao chefe do bairro, o qual, por sua vez, estava sob ordens diretas de um magistrado.[209] Por sua vez, os súditos das tribos hebraicas eram policiados por funcionários destacados para este fim.

No Egito de Menés, um dos primeiros faraós, havia a segurança nas ruas e praças para evitar infrações.[210] Na Grécia antiga surgiram os traços característicos de jurisdição criminal com o reconhecimento do direito popular de acusação e julgamento, com os atos processuais revestidos de publicidade.

Inicialmente, o termo latino *politia* foi utilizado para designar *todo* o âmbito da administração civil ou secular, em contraposição à administração religiosa ou espiritual. Nos primórdios da sociedade romana, a polícia era exercida por qualquer um do povo, sem formalidade. Em 388 a.c. foi criado o cargo de pretor, ampliando-se as funções da polícia e

---

a peligros a través de determinada organización administrativa (cabalmente la denominada como 'policía' en sentido estricto)."

[207] P. 15 de Alfonso, Luciano P.; Dromi, Roberto. **Seguridad pública y derecho administrativo**. Madrid: Marcial Pons, 2001. 410 p.: "La que hoy llamamos esfera de los asuntos públicos fue muy amplia en Grecia, pues la de los asuntos privados carecía de verdadera indetidad propia y no se oponía desde luego a la anterior: la participación en la vida de la polis constituía el ideal ciudadano, de suerte que los ascpectos hoy calificables de privados adquirían sentido justamente desde esa participación."

[208] P. 24 de Rolim, Marcos. **A síndrome da rainha vermelha**: policiamento e segurança pública no século XXI. Rio de Janeiro: Jorge Zahar Ed., 2006. 311p.

[209] P. 3-4 de Moraes, Bismael B. Uma introdução à segurança pública e à polícia brasileira na atualidade. In: ___. **Segurança pública e direitos individuais**. São Paulo: Editora Juarez de Oliveira, 2000. p. 1-22.

[210] P. 3 de Moraes, Bismael B. Uma introdução à segurança pública e à polícia brasileira na atualidade. In: ___. **Segurança pública e direitos individuais**. São Paulo: Editora Juarez de Oliveira, 2000. p. 1-22.

instituindo-se os *inspetores* ou *denunciadores*. Na época da República também foi instituída a administração policial dos *triúnviros*. Na época imperial romana, o princípio *quidquid principis placuit* expressava a capacidade de intervenção do poder em todas as áreas da vida social. Assim, *polícia* era um conceito associado a todas as atividades do poder público.[211]

Até chegar à polícia de hoje, houve variação na extensão e na compreensão da atividade policial. O poder *jus politiae* na Idade Média, no período feudal, concentrava-se no príncipe que definia, ao seu exclusivo juízo e interesse, tudo o que era necessário à boa ordem da sociedade civil sob autoridade do Estado, em contraposição à boa ordem moral e religiosa, de competência exclusiva da autoridade eclesiástica.[212] Destaca

---

[211] P. 15/16 de ALFONSO, Luciano P.; DROMI, Roberto. **Seguridad pública y derecho administrativo**. Madrid: Marcial Pons, 2001. 410 p.

[212] P. 108 de DI PIETRO, Maria Sylvia Zanella. **Direito administrativo**. 12 ed. São Paulo: Atlas, 2000.

Na P. 16 de: ALFONSO, Luciano P.; DROMI, Roberto. **Seguridad pública y derecho administrativo**. Madrid: Marcial Pons, 2001. 410 p.: "A lo largo del siglo XIV se desarolló (desde Francia y con extensión ao resto de Europa) la doctrina del ius politiae. Ya en los primeros años del S. XV algunas Ordenanzas reales (de Carlos VI de los años 1399, 1410 y 14115) utilizan expresiones como las de 'pour garder le bien publique', 'en très bonne police' o 'pour le bien et utilité de chose publique et de la policité de la ville'. De Francia pasa a Alemania, donde va a experimentar la elaboración y el desarollo más acabados. En España el concepto es conocido tempranamente, como resulta de la obra De optima politia (1455) de Alonso de Madrigal, aunque – según ha señalado Villar Palasí – su empleo en sentido técnico sólo tiene lugar mucho más tarde, concretamente en el S. XVIII y tras la traducción y recepción de la obra de V. Justi (que hace, de la versión francesa, Puig y Gelabert en 1784). A tenor de esta doctrina, el señor tenía el derecho y la obligación de velar por el 'beun orden' en su territorio, para lo que el ius politiae ofrecía la necesaria habitaci (a efectos de adopción de las medidas precisas). Este es el núcleo sobre el que luego logró desarrolarse el Estado Policía."

P. 16/17 de ALFONSO, Luciano P.; DROMI, Roberto. **Seguridad pública y derecho administrativo**. Madrid: Marcial Pons, 2001. 410 p.: Luciano Parejo Alfonso dá a seguinte explicação: "En el Estado patrimonial, en efecto, la construcción feudal del poder y, por tanto, su basamento en un entrecruzamiento de derechios y obligaciones entre señor e vassalo, obligan a la justificación del ejercicio de dicho poder en títulos o potestades concretos. Entre estas potestades o regalías del princeps aparece y crece entre todas el denominado ius politiae o ius policei (en tal sentido la emplea ya Carlomagno en sus Kapitularios). Sin perjuicio de su falta aún de precisión técnica, la característica específica de este título de intervención – que con la posterior evolución pasará a ser esencial – es su independencia de cualquier pacto con el vasallo o pueblo, de modo qu e su ejercicio no está consicionado por obligaciones recíprocas del príncipe, ni limitaciones por éste consentidas."

ALFONSO que "la policía comprendía el conjunto de la actividad estatal que hoy desagregamos en legislación, ejecución y jurisdicción."[213] Passando ao século XV, a atividade do Estado não apenas compreendia os poderes amplos de que dispunha o príncipe de ingerência na vida privada dos cidadãos, mas avançava sobre a vida religiosa e espiritual, sempre sob o pretexto da segurança e do bem-estar coletivo.[214]

Face a competência do soberano para ditar normas que regiam todas as atividades individuais dos cidadãos, ficando, assim, detentor do poder público absoluto, fazia-se crer que polícia e governo eram conceitos idênticos. "En el 'Estado de policía' que ya conocemos, la policía comprendía indiferenciadamente todo el ámbito de la Administracón interior restante tras la automatización de la diplomacia, el ejército, las finanzas y la justicia. Era competente para el fomento del bienestar general de todos los súditos, comprendiento el concepto 'bienestar general' tanto el orden y la seguridad, como el bien y la felicidad individuales de los hombres".[215]

---

[213] P.17/18 de ALFONSO, Luciano P.; DROMI, Roberto. **Seguridad pública y derecho administrativo**. Madrid: Marcial Pons, 2001. 410 p.

"En la policía se comprende todo lo precisado de una regulación-reglamentación, de suerte que puede decirse que se identifica con la autoridad-coacción estatales internas (V. Unruh). Al no existir verdadera división de poderes (en el sentido adquirido por la expresión en la época constitucional), no era posible apreciar invalidez de la actuación por incompetencia material (razón: unidad del poder estatal)".

[214] P. 17 de: ALFONSO, Luciano P.; DROMI, Roberto. **Seguridad pública y derecho administrativo**. Madrid: Marcial Pons, 2001. 410 p.:

"Con la decantación del Estado nacional (rex est imperator in regno suol; Hugo de Fleury), se supera la concepción pactista del fundamento del poder para afirmar éste sobre un poder de sumisión, el ius emines o dominium eminens, entendido como suprema potestad pública. Como ha señalado J. L. Carro Fernandez Valmayor, este nuevo fundamento permite superar en la acción pública de intervención incluso el derecho de propiedad establecido, quedando potenciado así el título del ius politiae que, hasta entonces había debido detenerse frente a tal derecho en calidad de adquirido; con la consecuencia, en defintiva, de la prática desaparición de cualquier diferencia entre las intervenciones en el campo de la libertad legitimadas tradicionalmente por la policía y las intervenciones en los derechos adquiridos o propiedad. Con ello, el princeps deja de estar ligado a los derechos establecidos y obtiene un poder de mando general, una ilimitada capacidad de intervención social. Esta capacidad va materializarce en el que en el Estado moderno recibe desde lurgo el nombre de ius polizei: derecho y deber de procura imperativa de la felicidad de los súbditos, que carece de límites definidos."

[215] P. 18/19 de ALFONSO, Luciano P.; DROMI, Roberto. **Seguridad pública y derecho administrativo**. Madrid: Marcial Pons, 2001. 410 p.

Tal quadro perdurou enquanto não configurado o desmembramento da *justiça* do poder público, momento a partir do qual reduziram-se os poderes da polícia. Estabeleceu-se uma distinção entre a polícia e a justiça, representando a polícia normas do príncipe relativas à administração. Quanto a tais normas, não havia possibilidade de apelo dos indivíduos aos tribunais. A justiça, por sua vez, dizia respeito a normas que, aplicadas pelos juízes, eram estranhas à ação do príncipe. Como se vê, o direito de polícia do príncipe sofreu restrições em seu conteúdo, deixando de alcançar, paulatinamente, primeiro as atividades eclesiásticas, depois as militares e financeiras, chegando um momento em que se reduziu a normas relativas à atividade interna da administração. Posteriormente, passou-se a associar a polícia à idéia de coação. Naquele momento, iniciava-se a distinguir a atividade de polícia das demais atividades administrativas.[216] Na síntese de ALFONSO, "el caráter global de la policía va a sufriendo gradual e inexorablemente, ya desde el mismo momento de su afirmación, un proceso de depuración para la reducción de su contenido y alcance. En una primera fase se segregan de él todos los asuntos relativos a las controversias (contenciosos) civiles o entre privados (Derecho civil y penal), que van a quedar encomendados básicamente a los Tribunales. Los asuntos de policía, que pasan a ser asuntos también denominados de gobirno o gubernativos (caracterizados teleológicamente, es decir, por su finalidad pública, que prescinde del perjuicio que puedan sufrir los privados), son los que continuaron en manos del rey y sus funcionarios, no admitiéndose en ellos apelación ante los Tribunales. En un segundo momento se independizan también los asuntos relativos a la diplomacia, la administración militar y la financera (cameralística), de suerte que la policía se reduce, en realidad, a lo que cabría calificar como gobierno y administración interiores".[217]

---

[216] P. 108 de DI PIETRO, Maria Sylvia Zanella. **Direito administrativo**. 12 ed. São Paulo: Atlas, 2000.

[217] P. 19/20 de ALFONSO, Luciano P.; DROMI, Roberto. **Seguridad pública y derecho administrativo**. Madrid: Marcial Pons, 2001. 410 p.

Como esclarece ROLIM, Marcos. **A síndrome da rainha vermelha**: policiamento e segurança pública no século XXI. Rio de Janeiro: Jorge Zahar Ed., 2006. 311p., na p. 25: "Mas as polícias modernas não surgiram como resultado de uma preocupação especial com a ocorrência de crimes. Tampouco foram a conseqüência de uma aspiração disseminada socialmente. Entre os historiadores, a opinião mais comum é a de que o fator imediato responsável pela formação das modernas forças de 'polícia' foi a emergência de

Com a emergência do pensamento burguês, a procura da felicidade e bem estar não eram matérias de polícia. Estas restringiram-se à defesa e prevenção frente a males que punham em risco a segurança pública.[218] E com a afirmação progressiva do Estado de direito, a polícia passou a ser concretamente assumida e desenvolvida na estrutura administrativa estatal. Mesmo antes do início do século XX, fala-se em uma polícia geral, relativa à segurança pública, e em polícias especiais, que atuam nos mais variados setores da atividade dos particulares. [219]

---

um sem-número de revoltas populares e desordens de rua na maior parte dos países europeus e a incapacidade dos governos para continuarem lidando com elas através da convocação de tropas do Exército. O recurso havia já se mostrado inadequado, não apenas pela sucessão de cenas violentas e de mortes que provocava, mas, sobretudo – na sensibilidade dos governantes da época– porque não conseguia 'resolver' o problema daquela forma. Soldados profissionais requisitados para responder a uma manifestação turbulenta retiravam-se tão logo houvessem disparado seus fuzis. O problema, entretanto, seria reposto logo adiante com novas manifestações e desordens. Era preciso, então, uma estrutura 'permanente' e profissional que estivesse sempre nas ruas. Foi assim que nasceram as polícias modernas." P. 28:

"Seja como for, quando da formação das primeiras estruturas profissionais de policiamento, não se imaginava que a polícia deveria ter como missão exclusiva ou mesmo fundamental o combate ao crime. Prevenir a ocorrência de delitos e perseguir infratores eram atividades que diziam respeito ao trabalho da polícia quanto atuar na preservação da ordem, fiscalizar serviços públicos e privados, estabelecer regras de convivência ou zelar pela 'moral e os bons costumes'. Lane (2003: p. 20), em seu trabalho sobre as origens das polícias norte-americanas, assinala que as primeiras organizações policiais nos Estados Unidos conviveram durante décadas com as iniciativas das vítimas na persecução criminal e foram responsáveis, também, por inúmeras outras funções administrativas, de controle e fiscalização. Assim, por exemplo, em Boston, a polícia cuidou da saúde pública até 1853 e, em Nova York, da limpeza pública até 1881. A polícia também tratava de publicar relatórios sobre as condições do tempo, emitia alvarás e licenças as mais variadas, abrigava pessoas sem teto nas delegacias e, em muitas oportunidades, organizava 'sopões' para os famintos."

[218] P. 21 de Alfonso, Luciano P.; Dromi, Roberto. **Seguridad pública y derecho administrativo**. Madrid: Marcial Pons, 2001. 410 p.

[219] P. 108/109 de Di Pietro, Maria Sylvia Zanella. **Direito administrativo**. 12 ed. São Paulo: Atlas, 2000.:

"Num primeiro momento, o Estado de Direito desenvolveu-se baseado nos princípios do **liberalismo**, em que a preocupação era a de assegurar ao indivíduo uma série de direitos subjetivos, dentre os quais a **liberdade**. Em consequência, tudo o que significasse uma interferência nessa liberdade deveria ter um caráter excepcional. A regra era o livre exercício dos direitos individuais amplamente assegurados nas Declarações Universais de

Polícia: atuação

Se em suas manifestações iniciais, o poder de polícia nada mais foi que uma atividade destinada a manter uma ordem interna – ordem pública no sentido de oposição à desordem e, portanto, neste contexto, distante da concepção atual – de tal maneira que a noção de *polícia* era equivalente à de *administração.*[220] O *poder de polícia* passou a sintetizar a atividade estatal de garantir e condicionar a liberdade[221] e a propriedade de forma a não se contraporem ao interesse coletivo de manutenção da ordem pública.

A diferenciação e a separação das atividades funcionais no Estado de direito – a partilha institucional do poder estatal ou divisão de poderes – concentraram o poder de polícia no poder executivo. Ao mesmo tempo, criou-se, quanto ao critério *objeto de atuação,* as subdivisões de polícia em *polícia administrativa* e *polícia de segurança pública, 'lato sensu'*, e em *polícia de segurança pública, 'stricto sensu'*, ou simplesmente polícia, e *polícia de segurança pública judiciária,* normalmente denominada polícia judiciária.[222]

Direitos, depois transpostos para as Constituições; a atuação estatal constituía exceção, só podendo limitar o exercício dos direitos individuais para assegurar a **ordem pública**. A polícia administrativa era essencialmente uma **polícia de segurança**."

Na p. 22/23 de ALFONSO, Luciano P.; DROMI, Roberto. **Seguridad pública y derecho administrativo**. Madrid: Marcial Pons, 2001. 410 p.: "Se crea así la distinción jurídica entre la defensa frente a situaciones de peligro (*Gefhrenabwehr*) y el resto de las tareas estatales en interés del bien común. De todas formas, la depuración producida por esa distinción no logra aún la total circunscripción de la policía a la actividad de garantía de la seguridad y el orden público generales. Pues en ella siguen alojadas las actividades de prevención frente a peligros para la coletividad (bienes y personas) derivadas de actividades privadas lícitas objeto de control administrativo. Esta circuntancia es la que va dar lugar justamente al binomio policía general o en sentido estricto y policías especiales o sectoriales (ferrocarriles, minas, etc...)."

[220] P. 69 de MOREIRA NETO, Diogo de Figueiredo. Direito administrativo da segurança pública. In: CRETELLA JÚNIOR, José (Coord.). **Direito administrativo da ordem pública**. 3ª ed. Rio de Janeiro: Forense, 1998. p. 65-86.

[221] P. 56 de ALFONSO, Luciano P.; DROMI, Roberto. **Seguridad pública y derecho administrativo**. Madrid: Marcial Pons, 2001. 410 p.: "Esta característica de la actividad de policía de la seguridad pública expresó ya con toda precisión y claridad ya M. Colmeiro en 1865: 'El empleo de estos medios preventivos de mantener el orden público, sofocando en su origen las tentativas y aún el pensamiento de perturbalo, *supone siempre algún grado de restricción de la libertad individual*'."

[222] Face aos modernos conceitos de ordem e segurança públicas, não se adota a distinção clássica entre polícia administrativa e polícia judiciária, que repartia a primeira

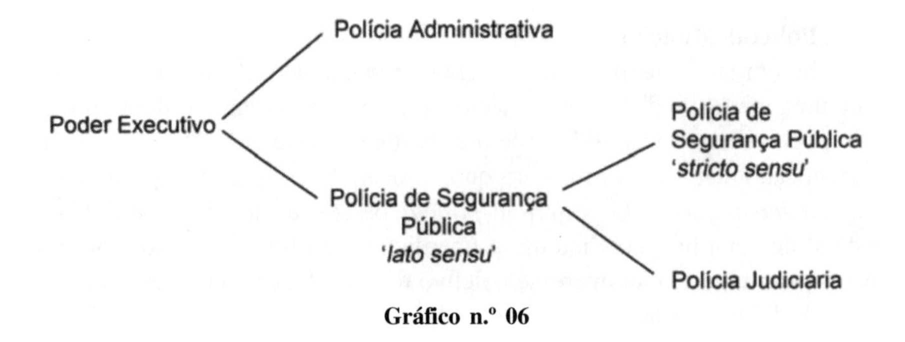

Gráfico n.º 06

Manifestando-se em diferentes campos, a polícia administrativa salvaguarda valores tais como: higiene e saúde públicas, estéticos e artísticos, históricos e paisagísticos, riquezas naturais, moralidade pública e economia popular. Simplificando, a polícia administrativa nada mais é que a *administração pública* no exercício de seu *poder de polícia* em questões outras que não aquelas atinentes a ilícitos penais.

Já a polícia de segurança pública, *lato sensu*, lida com a manutenção da ordem pública[223], estando afeita ao que possa diretamente envolver *crime, criminalidade e violência* e é composta de corpos policiais com atividades eminentemente *preventivas* e/ou *repressivas*, *discricionárias* e *executórias*.

---

em polícia administrativa geral e polícias administrativas especiais (nestas incluída a polícia de manutenção da ordem pública). Além de simples, a subdivisão atual destaca a atuação da polícia judiciária no que contribui para a manutenção da ordem pública. Em correspondência com a realidade, a polícia judiciária vai além dos atos preparatórios e auxiliares do poder judiciário.

[223] No entender de ALFONSO, a polícia dedica-se a garantia de uma normalidade mínima no seguinte sentido: "Debe destacarse, pues, que, como apuntó A. Posada, la clave del concepto de orden y seguridad públicos (ciudadanos) está en el concepto de normalidad mínima. Seguridad y orden públicos constituyen la cifra misma de esa normalidad mínima, según resulta del ordenamiento jurídico en vigor; normalidad, que es presupuesto mismo de la efectividad y el funcionamento de dicho ordenamiento. Y la acción de policía tiene por objeto cabalmente la garantía de esa normalidad mínima (de su mantenimiento y, en su caso, su restablecimiento, con imposición, si procede, de las sanciones pertinentes por las infracciones cometidas). De ahí surge el Derecho administrativo sancionador en materia de seguridad u orden públicos (o ciudadanos), diferenciado del Derecho penal." In p. 50/51 de ALFONSO, Luciano P.; DROMI, Roberto. **Seguridad pública y derecho administrativo**. Madrid: Marcial Pons, 2001. 410 p.

Preventiva, repressivamente ou apurando fatos delituosos, a polícia de segurança pública, *lato sensu*, atua tendo por finalidade manter a criminalidade no padrão de estabilidade compatível com a sociedade na qual age, evitando o dano ou o perigo – sempre no âmbito criminal – para as pessoas, sejam físicas ou jurídicas. No exercício da polícia judiciária, especificamente, o poder de polícia "é um meio, um instrumento de ação, para atingir a um objetivo: apresentar um delinquente à Justiça"[224], de modo que a *repressão* se efetiva através do poder judiciário. Com fins instrumentais, a *discricionariedade* e a *executoriedade* restringe-se, notadamente no desempenho da atividade *investigativa*, a levar criminosos à justiça.

Para ALFONSO, valendo-se do direito comparado, dá-se a seguinte diferenciação: "1. En alemania se diferencia (R. Riegel) entre *Gefahrenabwehr* (defensa frente a riesgos o peligros) y *Strafverfolgung* (persecución del ilícito penal). Esta última es sólo la actividad administrativa-policial (bajo la autoridad judicial) a la investigación de fhechos infractores del Código penal concretos, en el marco de las correspondientes actuaciones, es decir, del pertinente proceso criminal. La primera (a la que pertenece nuestra seguridad pública), por contra, comprende el resto de las actividades policiales posibles que tengan por objeto la prevención y el impedimento de infracciones contra la regulación jurídico-pública de seguridad u orden públicos. 2. En Italia (G. Corso) rige idéntica distinción: la policía judicial forma parte materialmente de la Justicia y no de la Administración (aunque organizativamente no sea así), razón a que persigue fin distinto de la *policia de sicurezza*. La actividad de la policía judicial se dirige a detener al delincuente, aportar las puebras de la infracción penal, etc..., a fin de que pueda operar la justicia penal; la de policía administrativa de seguridad persigue prevenir y evitar, así como en su caso sancionar administrativamente, la pertubación del orden jurídico indispensable para el desarollo de la convivencia".[225]

Independentemente da estrutura interna adotada, a polícia de segurança pública tem pelo menos três características que definem a sua

---

[224] P. 73 de MOREIRA NETO, Diogo de Figueiredo. Direito administrativo da segurança pública. In: CRETELLA JÚNIOR, José (Coord.). **Direito administrativo da ordem pública**. 3ª ed. Rio de Janeiro: Forense, 1998. p. 65-86.

[225] P. 44/45 de ALFONSO, Luciano P.; DROMI, Roberto. **Seguridad pública y derecho administrativo**. Madrid: Marcial Pons, 2001. 410 p.

atuação: oposição à criminalidade e à violência; possibilidade de uso legítimo da força; e ação de proteção a bens e pessoas, com garantia dos direitos elementares. Há parâmetros prévios que delimitam oposição à criminalidade, de modo que a sua atuação não se dá às cegas. Firma-se na estabilização da sociedade, ou seja, no equilíbrio dinâmico das relações sociais. Não menos que isso, mas também não mais, sob pena de comprometimento da ordem pública pela insegurança jurídica e material que acarreta.

Não pode ser e não é obrigação da polícia aniquilar a criminalidade. A atuação policial que extrapola o limite superior da *zona de estabilidade* põem em risco a *segurança jurídica* e a *segurança material* da sociedade. Por outro lado, é obrigação da polícia, na condição de órgão de segurança pública, manter a ordem pública no patamar de estabilidade social, atuando de forma a que a criminalidade flutue dentro dos limites máximo e mínimo que definem a *zona de estabilidade* da sociedade.

A atuação policial é, pois, *meio* de oposição à criminalidade e tem por *meta* a ordem pública. Enquanto a sua atuação no exercício do poder de polícia como forma de oposição à criminalidade é balizada no *Direito Administrativo de Segurança Pública*[226], a *meta* ordem pública é demar-

---

[226] Para SOUZA, Luís Antônio Francisco de. Polícia, direito e poder de polícia. A polícia brasileira entre a ordem pública e a lei. **Revista Brasileira de Ciências Criminais**. São Paulo: Revista dos Tribunais, ano 11, n. 43, p. 295-321, abr./jun. 2003.*),* na p. 310:..é inerente ao trabalho policial, nas atividades de vigilância e na investigação criminal, uma certa liberdade frente aos ditames legais (Paixão, 1988; Oliveira, 1984). O conceito que permite compreender as ações discricionárias da instituição policial é o poder de polícia. A discrição implica que a ação policial individual se enquadra num *medium* entre a lei e a moral, entre liberdade e poderes. O poder discricionário da polícia, portanto, não se define apenas como poder arbitrário, baseado simplesmente na livre escolha individual. Ele seria decorrência de uma estrita delegação da própria lei. E o policial, ao agir em conformidade aos preceitos legais e como sujeito moral, teria uma margem de manobra, dentro da qual, não incorreria em atos de ilegalidade. Embora se reconheça que o policial individual tenha livre escolha, dentro da lei, ela é condicionada pelas regras administrativas e ocupacionais, portanto, embora de forma remota, dentro do princípio mesmo da legalidade (Ericson, 1981).'

E continua o autor, p. 310/311: "A chave dessa discussão parece residir na expressão poder discricionário. A discussão está presente nas pesquisas realizadas pelos americanos, mas carece de aprofundamento na cena brasileira. A literatura internacional consigna a palavra *discretion*. Consultando o dicionário, discrição, tradição literal daquela palavra, em português, dá ênfase a dois sentidos diferentes: a) discernimento, sensatez,

cada pela política de segurança pública, o que, na tradução jurídica, significa o *Direito de Segurança Pública*. Inexistindo política de segurança pública que programe a atuação da polícia, a *meta* da atuação policial continua a ser a ordem pública. No entanto, sem estratégias, planos e objetivos claros, bem como sem normas jurídicas que os estabeleçam, mais desafiante, difícil e temerosa será a manutenção da ordem pública, sujeitando-se a sociedade a surtos de insegurança jurídica e material.

O uso de força destaca e caracteriza o trabalho policial. No entanto, ela nem sempre se faz presente como no controle de multidões em locais de aglomeração ou no desempenho de trabalhos de cunho comunitário.[227]

---

qualidade de quem sabe guardar segredo, prudência, circunspecção, modéstia, recato e decência, daí o substantivo discreto; b) à vontade, sem restrições. Discricionário, o adjetivo que decorre de discrição, somente se refere ao sentido consignado no item 'b', sendo a discricionariedade a substantivação de discricionário. Em inglês, *discretion* aparece com três sentidos distintos: a) precaução, julgamento correto, prudência, sagacidade (que está contido nos sentidos presentes no item 'a' da palavra discrição em português); b) liberdade de ação ou liberdade no exercício de um julgamento (que corresponde ao sentido do item 'b', do conceito em português); c) ato ou a liberdade de decidir de acordo com a justiça e com a razão; idéia que o indivíduo faz daquilo que é correto e próprio, sob determinadas circunstâncias (este sentido não encontra correlato em português). *Discretionary* significa exercitável ou deixado sob discrição (*discretion*); não controlado por lei, mas sim pela discrição, pelo julgamento livre de alguém. Se tais definições não decorrem de uma insuficiência de dicionário, pode-se, ao menos, fazer uma distinção importante. Discrição em inglês refere-se a uma complementariedade necessária entre norma legal e ação individual, decorrente de uma livre escolha ou do julgamento racional do indivíduo, em função de um determinado objeto, problema ou dilema moral. Em português, discricionário decorre simplesmente da ausência de restrições ao livre julgamento e à ação individuais."

[227] P. 314: "quando traduzido em termos operacionais, os esforços da polícia para engajar a comunidade fazem uso de uma variedade de táticas: patrulhamento a pé, postos comunitários, comunicação entre polícia e comunidade, apoio a programas recreativos etc.

É o esforço policial para tornarem a comunidades uma "co-produtora do serviço policial", p. 314.

P. 314: "Dois padrões emergiram: o primeiro é uma tentativa ampla e ambiciosa, ao mesmo tempo utópica, de desenvolver uma nova relação com toda a comunidade, na esperança de reduzir tensões, criar uma reserva de boa-vontade e, em última instância, possibilitar que a polícia e a comunidade trabalhem conjuntamente para resolver os problemas. O segundo é um esforço mais restrito e prático, cujo primeiro objetivo é lidar com um problema específico. Se a polícia conclui que o envolvimento da comunidade ajudou a reduzir o problema, todos tentam entender o que acarretou esse sucesso." P. 315: "A

Seja como for, fazendo ou não uso de força, o foco é, direta ou reflexamente, a criminalidade e a manutenção da ordem pública. Não é incomum atuação policial em setores não diretamente conectados à questão da criminalidade.[228] A emissão de autorizações para eventos é um

---

relação entre polícia e comunidade será produtiva desde que sejam respeitadas as seguintes condições:

1. designar policiais às áreas por períodos suficientemente longos de maneira a permitir que eles identifiquem os problemas que preocupam a comunidade;

2. desenvolver a capacidade do departamento e do policial para analisar os problemas comunitários;

3. aprender quando o envolvimento da comunidade maior tiver o potencial para significativamente reduzir o problema; e

4. trabalhar com segmentos específicos da comunidade que têm condições de ajudar a resolver o problema. (Goldstein, 1990)."

Souza, Luís Antônio Francisco de. Polícia, direito e poder de polícia. A polícia brasileira entre a ordem pública e a lei. **Revista Brasileira de Ciências Criminais**. São Paulo: Revista dos Tribunais, ano 11, n. 43, p. 295-321, abr./jun. 2003.

[228] Na p. 23 de Rolim, Marcos. **A síndrome da rainha vermelha**: policiamento e segurança pública no século XXI. Rio de Janeiro: Jorge Zahar Ed., 2006. 311p., o autor lista várias questões que, longe de estarem relacionadas com a criminalidade, envolvem a atuação policial e afirma: "Um dos mais importante pesquisadores sobre a polícia, Bittner listou várias dessas atribuições concluindo que tal diversidade poderia ser sintetizada caso alguém dissesse que compete aos policiais atuar sempre que 'exista algo que não deva acontecer e sobre o que seria bom que alguém fizesse alguma coisa imediatamente'.

"Em suma, o poder 'de' polícia é que fundamenta o poder 'da' polícia; este sem aquele seria o arbítrio, verdadeira ação policial divorciada do Estado de direito."

Valendo-se do caso espanhol, Cudolà destaca o desconhecimento que se tem acerca da atividade policial além do combate à insegurança cidadã e à criminalidade: "La seguridad pública se percibe habitualmente como una actuación esencialmente preventiva y represora destinada a combatir la inseguridad ciudadana y la criminalidad. Sin embargo, la seguridad pública es mucho más, constituye un sistema al servicio de la ciudadanía donde los diversos poderes públicos con responsabilidad en la materia deben aunar sus actuaciones. De hecho, no es ocioso recordar que entre las misiones que establece el art. 104 de la CE para als Fuerzas y Cuerpos de Seguridad está la de protección de los derechos fundamentales y las libertades públicas. En este sentido, cobra una extraordinaria relevancia la atención a determinados colectivos que están en una situación de mayor desprotección, como las mujeres que son objeto de maltratos y los menores. Ello conlleva a configurar una policía al servicio de la comunidad y de los diferentes grupos que la integran. *Tales funciones que vienen desempeñándose en la actualidad por los cuerpos policiales son propias de un servicio público social.* No obstante, aún pesa excesivamente la percepción de la actividad de las fuerzas policiales como una actividad esencialmente de control, hecho que implica que una inmensa mayoría de los ciudadanos

exemplo. Ocorre que tais tarefas, embora decorrentes do *poder de polícia*, não são típicas, ou, mais incisivamente, não são próprias do exercício da polícia de segurança pública.[229] De certo têm abrigo melhor se alocadas na *polícia administrativa*, salvo se efetivamente percebido que a realização destas tarefas pela polícia resulte reflexos na manutenção da ordem pública sob o ângulo da criminalidade controlada. Ou seja, não basta afetar a criminalidade: tem de ser controlável para mantê-la na *zona de estabilidade*.

Ao argumento de que as instituições de *guarda* e *vigilância privada* também fazem uso de força mas não são polícia, a resposta está em que a segurança particular não está voltada à questão da *criminalidade*, com manutenção da ordem pública, mas sim à defesa patrimonial ou pessoal individualizada/grupal contra eventual prática de *crime*. Portanto, o distintivo da instituição polícia não está no uso ou na possibilidade de uso de força, mas no foco da sua ação.[230]

---

desconozca todavía esta faceta que incumbe a los cuerpos policiales. La necesidad de profundizar en dichas funciones permite configurar realmente a nuestros cuerpos policiales al servicio de la ciudadanía, al mismo tiempo que permite legitimar aún más su existencia y su necesidad en nuestra sociedad." In p. 29/30 de CUDOLÀ, Vicenç Aguado. **Derecho de la seguridad pública y privada**. Cizur Menor: Aranzadi, 2007. 233p. (Destaque inexistente no original).

[229] P. 539 de SOARES, Orlando. **Comentários à Constituição da República Federativa do Brasil**. 9 ed. Rio de Janeiro: Forense, 1998. 688p. cita J. Cretella Júnior, para quem: "cumpre, antes de tudo, fazer uma observação à expressão poder 'de' polícia, a qual não se confunde com outra semelhante, poder 'da' polícia, porque se a polícia tem as possibilidades de agir, em concreto, pondo em atividade todo o aparelhamento de que dispõe, isso se deve à potestas que lhe confere o poder de polícia."

[230] Na p. 28 de Rolim, Marcos. **A síndrome da rainha vermelha**: policiamento e segurança pública no século XXI. Rio de Janeiro: Jorge Zahar Ed., 2006. 311p., o autor diz o seguinte: "Penso que o paradigma de que o trabalho policial pode ser definido como aquele correspondente ao monopólio do uso da força pelo Estado – seja no plano fático, seja enquanto possibilidade coercitiva – poderia ser substituído, com vantagem, pela idéia de que cabe à polícia 'proteger as pessoas' ou 'assegurar a todos o exercício dos seus direitos elementares'. **Entre esses direitos estariam o direito à vida, à integridade física, à liberdade de opinião e à propriedade**. Missões para as quais, como se sabe, é preciso, eventualmente, empregar a força ou deixar claro que se poderá empregá-la. Em vez de uma definição a partir do poder concedido à autoridade policial, teríamos, então, uma definição a partir daquilo que se espera que a polícia faça. Uma definição desse tipo tornaria possível que o papel da polícia fosse percebido como mais importante ainda e, ao mesmo tempo, projetaria uma moldura na qual a noção de direito é destacada." (Destaquei).

A rigor está fora do âmbito da ação policial tudo aquilo que não respeita ao alcance e à manutenção da ordem pública no que nesta seja concernente a criminalidade.[231] Servidores públicos que exercem poder de polícia em alfândegas, universidades, ferrovias, rodovias etc – ainda que protegendo bens e pessoas –, não são policiais de segurança pública, na sua essência, embora exerçam poder de polícia.

À polícia de segurança pública *lato sensu* são aplicáveis, além dos princípios gerais da administração pública, mais alguns próprios, embora também gerais, da atuação policial. Citam-se entres estes princípios: a) *adequação ao ordenamento jurídico*: decorrente do princípio geral da legalidade, a adequação da atuação policial ao ordenamento jurídico significa que a conduta pessoal deve estar assentada na neutralidade política, imparcialidade, integridade e dignidade, bem como obedece as regras de organização do serviço público fundadas na hierarquia e subordinação; b) *princípios relativos à relação funcional*: b.1, total dedicação profissional, significando dever de intervenção sempre, em qualquer tempo e lugar, estando ou não em serviço; b.2, segredo profissional, com a consequente desobrigação de revelação das fontes de informação, salvo disposição contrária de lei, ou quando o caso específico imponha solução distinta; b.3, responsabilidade pessoal e direta do agente de polícia, sem prejuízo da responsabilidade objetiva do estado. c) *princípios relativos à atuação com incidência nos administrados*: c.1, respeito, importando em trato correto e esmerado; c.2, proteção e auxílio, impedindo, caso a caso, qualquer prática abusiva, arbitrária ou discriminatória que contenha violência física ou moral, sempre que as circunstâncias o aconselhem, ou sejam haja relevância para a segurança pública, ou exista requerimento para tanto, obrigando-se a informar as causas e as finalidades da atuação; c.3, atuação decisiva e sem demora, adequada ao caso concreto, visando evitar um dano grave, imediato e irreparável (isto é, atuação baseada em um juízo acerca do risco ou perigo de dano) e com amparo nos princípios de congruência (conexão lógica entre o risco ou perigo de dano e a reação

---

[231] No entanto, estudos de Skolnick e Bayley sobre políticas americanas de polícia revelam que policiais despendem importante parte de seu tempo fornecendo serviços de emergência e lidam com muitos comportamentos que não estão definidos como crime pela lei. In p. 313 de Souza, Luís Antônio Francisco de. Polícia, direito e poder de polícia. A polícia brasileira entre a ordem pública e a lei. **Revista Brasileira de Ciências Criminais**. São Paulo: Revista dos Tribunais, ano 11, n. 43, p. 295-321, abr./jun. 2003.

frente a ele), oportunidade (procedência ou não da intervenção policial em atenção às circunstâncias) e proporcionalidade na utilização dos meios ao seu alcance.[232]

Política de policiamento

Política de policiamento é instrumento de política de segurança pública composto por conjunto de programas e estratégias de ações policiais. Política de segurança pública não se confunde, portanto, com a política de policiamento[233] e a ela não se resume. Aquela é ampla e abrange a política de policiamento comprometida com o alcance e a manutenção da ordem pública, restando garantidas as seguranças jurídica e material da sociedade.

Política de segurança pública não se limita a política de policiamento tal como falar em segurança pública não é se referir apenas e tão somente a polícia. É fato que a demanda permanente pelos serviços policiais leva ao entendimento distorcido de que segurança pública e polícia são sinônimos. Por outro lado, na medida em que participa ativamente da implementação de política de segurança pública, a polícia é sujeito primordial do Direito de Segurança Pública, sendo de especial interesse deste ramo do direito o estudo acerca dos modelos de polícia.[234]

---

[232] P. 101/102 de ALFONSO, Luciano P.; DROMI, Roberto. **Seguridad pública y derecho administrativo**. Madrid: Marcial Pons, 2001. 410 p.

[233] CÂMARA, Paulo Sette. **O desafio**. Belém, 2007. Disponível em: http://www.forumsegurança.org.br/artigos/o-desafio. Acesso em 1º abr. 2008

Referindo-se especificamente ao Brasil, o autor afirma que "A atividade de segurança pública, embora reconhecida como dever do Estado, direito e responsabilidade de todos, foi reduzida à mera execução dos serviços policiais. Com isso, o Ministério Público, e Justiça Comum, o Município e os demais órgãos que compõem a malha de defesa social, até hoje se recusam a assumir sua co-responsabilidade pela segurança pública e nem interagem com o aparelho policial."

"Os planos e investimentos que foram, estão sendo ou venham a ser feitos no aparelho policial, sem considerar as demais instituições de defesa social, continuarão ineficazes. A interdependência operacional é inquestionável, embora cada corporação se considere auto-suficiente. A maioria das ações pró-ativas de proteção ao cidadão passa, necessariamente, pelos municípios, assim como as consequências de algumas medidas de repressão criminal. As ações preventivas ou repressivas da Polícia, do Ministério Público, da Justiça, do Sistema Prisional e do próprio Município requerem apoio recíproco e suporte da sociedade para se efetivarem. Daí, não ser justo nem razoável responsabilizar isoladamente qualquer uma delas pela insegurança pública."

[234] Importa saber, por exemplo, se o modelo atual de polícia, denominado *profissional*, atende ao conceito de manutenção de ordem pública. SOUZA, baseando-se em

No exercício da política de policiamento, a polícia não pode, nem mesmo ocasionalmente, queimar etapas legais sob o pretexto de obter melhores ou imediatos resultados de redução da criminalidade ou aumento de produtividade.[235] Atuação diferente expõe a risco a segurança jurídica da sociedade e, independentemente de danos que possa ou não causar, configura desvirtuamento da política de segurança pública. De fato, como já visto, faz-se segurança pública para manter a criminalidade numa *zona de estabilidade*. Nem mais, nem menos. Faz-se segurança pública para, obrigatoriamente, ter a criminalidade oscilando de acordo com o equilíbrio dinâmico social, de modo que a criminalidade não pode estar acima do limite superior da *zona de estabilidade*, bem como não se pode, a qualquer custo, fazer com que a criminalidade fique aquém do limite mínimo da estabilidade. Noutros termos, a manutenção da ordem pública é, a um só tempo, *obrigação* e *contenção* da atividade policial. Não se admite, enfim, a pretexto de reduzir a criminalidade, criar risco de desequilíbrio social.[236]

Dada a peculiaridade das condições socioeconômicas de cada sociedade, a *zona de estabilidade* de uma está em patamar diferente da de outra. Políticas de policiamento devem, pois, atender as especificidades de cada uma, bem como observar os critérios de classificação das políticas de segurança pública.[237]

Goldstein e Bayley, assim descreve este modelo: "Ele valoriza o controle centralizado e não-político, a organização coesa, responsabilidade e forte disciplina, uso eficiente do pessoal e da tecnologia, bem como altos padrões de recrutamento e treinamento, procedimentos operacionais padronizados, respostas rápidas, uso eficiente de tempo, fluxo do papelório e instalações modernas. O modelo profissional também valoriza a necessidade do respeito à lei, com as proteções apropriadas aos direitos dos cidadãos, inclusive dos acusados." In p. 312 de Souza, Luís Antônio Francisco de. Polícia, direito e poder de polícia. A polícia brasileira entre a ordem pública e a lei. **Revista Brasileira de Ciências Criminais**. São Paulo: Revista dos Tribunais, ano 11, n. 43, p. 295-321, abr./jun. 2003.

[235] A produtividade da polícia normalmente é conferida na forma de prisões em flagrante, prisões de procurados, apreensões de armas e drogas, recuperação de produtos de roubos; inquéritos instaurados, inquéritos concluídos, crimes solucionados, tempo de resposta para atendimento de ocorrências etc. Isso, segundo p. 192 de Mesquita Neto, Paulo. Fazendo e medindo progresso em segurança pública. **Praia Vermelha – Estudos de Política e Teoria Social**, Rio de Janeiro, n. 15, p. 184-196, 2º sem. 2006.

[236] Vide este texto: Bayley, David. Law enforcement and the rule of law: is there a tradeoff? In: Rodrigues, Corinne Davis. **Lei e controle social**. Belo Horizonte: CRISP, 2006.

– *Da política criminal*

Desde a aparição a princípios do século XIX, a política criminal sofreu várias e significantes modificações. O que se buscava inicialmente era a imposição de métodos repressivos patrocinados pelo Estado, ao passo que atualmente o estudo da política criminal se volta à prevenção e redução da criminalidade, bem como ao controle dos seus efeitos, finalidades que estão constituídas como um dos principais problemas a serem enfrentados por qualquer país. Conforme BARATTA, "Política criminal es um concepto complejo. No obstante la univocidad de sus fines, los instrumentos – de los cuales sólo una parte se sitúan en el interior del derecho penal – permanecen indeterminados en razón de sus definiciones negativas ('penales' – 'no penales'). Decir que la finalidad de la política criminal es unívoca implica, por lo tanto, una aclaración: hasta un pasado bastante reciente, ella ha sido entendida como aquella que sirve para controlar la criminalidad, o sea, reducir el número de las infracciones a la ley penal. El progreso de la investigación en el campo de la victimologia, la tensión volcada a las necesidades de la víctima y a su ambinete social, han ampliado el campo de acción de la política criminal: a la prevención de la delincuencia se añade hoy, por lo menos 'potencialmente', el objetivo de controlar sus consecuencias."[238]

Na medida em que tenha por objetivo implantar mecanismos que afetem a criminalidade de forma a mantê-la no nível de equilíbrio dinâ-

---

[237] Ver texto ROLIM, Marcos. **A síndrome da rainha vermelha**: policiamento e segurança pública no século XXI. Rio de Janeiro: Jorge Zahar Ed., 2006. 311p. P. 17:

"A idéia de que precisamos de políticas de segurança e de polícias de quarto mundo é inaceitável e ofensiva à inteligência. Ocorre, no entanto, que a área de segurança pública permite que realidades distintas sejam comparadas com mais pertinência porque o crime e a violência, por um lado, e as polícias e os sistemas de justiça criminal, por outro, se parecem muito em todos os lugares. Os estudos comparativos sobre as polícias testemunham o fato de que, em que pesem as diferenças nas estruturas e nos sistemas de policiamento, as subculturas policiais se assemelham muito mais do que se poderia esperar, e os problemas enfrentados para a reforma das polícias são, invariavelmente, os mesmos [...] pode-se legitimamente esperar que mudanças positivas na área da segurança pública construídas em uma determinada realidade possam inspirar reformas ou direcionar esforços em outras."

[238] P. 27/28 de BARATTA, Alessandro. La política criminal y el derecho penal de la constitución: nuevas reflexiones sobre el modelo integrado de las ciencias penales. **Revista Brasileira de Ciências Criminais**, São Paulo, v. 8, n. 29, p. 27-52, jan./mar. 2000.

mico social, a política criminal constitui-se capítulo da política de segurança pública na forma direta de atuação do Estado na segurança pública. Tal atuação reflete a evolução histórica da política criminal que passa pelos efeitos da prevenção geral – resultante da coação psicológica – gerada pelas penas atribuídas aos crimes e pela certeza de punição do agente criminoso, observa a ressocialização do infrator, e alcança, em DELMAS-MARTY, o conjunto dos procedimentos através dos quais o corpo social organiza as respostas ao fenômeno criminal.[239] O estudo dos meios ou remédios adotáveis pelo Estado para prevenir eficazmente o maior número possível de crimes[240] e a pesquisa dos meios mais adequados para o controle da criminalidade, valendo-se dos resultados que proporciona a criminologia, inclusive através da análise e crítica do sistema punitivo vigente justificam a política criminal como um instrumento de política de segurança pública.[241]

– Do sistema penitenciário

Delinquentes perigosos colocam em risco o equilíbrio da criminalidade com o nível socioeconômico de uma sociedade. Os não perigosos não afetam de forma séria o equilíbrio social, embora possam eventualmente fazê-lo. Dada a gravidade dos primeiros, torna-se necessário afastá-los do convívio social, de forma a tornarem-se aptos a tanto quando não mais possam comprometer a estabilidade da sociedade.

Os criminosos não perigosos se sujeitam a penas que não importam perda de liberdade.[242] Convivem socialmente, sendo-lhes aplicadas penas

---

[239] P. 21 de ROCHA, Fernando A. N. Galvão da. **Política Criminal**. 2. ed. Belo Horizonte: Mandamentos, 2002. 168p. que, por sua vez, faz referência a DELMAS-MARTY, Mireille. **Modelos e movimentos de política criminal**. Rio de Janeiro: Revan, 1992, p. 13.

[240] P. 21 de ROCHA, Fernando A. N. Galvão da. **Política Criminal**. 2. ed. Belo Horizonte: Mandamentos, 2002. 168p. que faz agora referência a MELO, Lydio M. Bandeira de. **O criminosos, o crime e a pena.** Belo Horizonte: Prisma Cultural, 1970, p. 13).

[241] P. 21 de ROCHA, Fernando A. N. Galvão da. **Política Criminal**. 2. ed. Belo Horizonte: Mandamentos, 2002. 168p. fazendo referência a MARQUES, José Frederico. **Tratado de direito penal**. São Paulo: Saraiva, 1964, v. 1, p. 65

[242] Na opinião de p. 25 de MACAULAY, Fiona. Prisões e política carcerária. In: LIMA, Renato Sérgio; PAULA, Liana (Org). **Segurança pública e violência**: o estado está cumprindo seu papel? São Paulo: Contexto, 2006. p. 15-29.: "A opinião internacional dominante,

normalmente de três ordens: uma que importe no ressarcimento da vítima por meio de pagamento dos danos ou de pedido de desculpa; multa; ou que signifique a prestação de serviços à comunidade que colaborem de alguma forma com a manutenção preventiva da ordem pública.[243]

Já os perigosos – nos diversos graus – merecem atenção diferenciada. Com os conhecimentos do Direito Penitenciário e da Ciência Penitenciária[244], o Estado desenvolve políticas penitenciárias específicas visando efeitos sobre a segurança pública, essencialmente através do acompanhamento de execuções de penas como forma de proteger a sociedade, incapacitar dos criminosos, punir e reabilitar.[245] Além do caráter repressivo,

---

baseada no custo da efetividade da prisão como forma de redução e prevenção ao crime, é que o aprisionamento – tanto provisório quanto como sentença – deve ser usado como o último recurso, e não o primeiro, e deve ser reservado aos criminosos violentos, perigosos ou que cometeram crimes sexuais ou àqueles séria e persistentemente reincidentes. A prisão preventiva deveria ser restrita aos indivíduos que representem risco bem fundamentado de fuga ou perigo ao público. Criminosos primários ou não violentos são mais bem tratados por meio de políticas de diversificação ou desencarceramento."

[243] P. 23 de Macaulay, Fiona. Prisões e política carcerária. In: Lima, Renato Sérgio; Paula, Liana (Org). **Segurança pública e violência**: o estado está cumprindo seu papel? São Paulo: Contexto, 2006. p. 15-29.

[244] P. 26 de Albergaria, Jason. **Manual de direito penitenciário**. Rio de Janeiro: Aide Ed., 1993, 212 p.: Distingue-se Ciência Penitenciária (ou Penologia) do Direito Penitenciário. Enquanto o "Direito Penitenciário é o conjunto de normas jurídicas; a Ciência Penitenciária é o estudo do fenômeno social. O Direito Penitenciário refere-se ao conjunto de normas jurídicas que disciplina o tratamento dos sentenciados. A Ciência penitenciária cuida do tratamento dos delinquentes: os diferentes métodos de tratamento, o estudo da personalidade do delinquente, etc."

Ainda na p. 26: "O Direito Penitenciário é uma disciplina normativa e a Penologia ou Ciência Penitenciária é uma ciência causal-explicativa, e se insere entre as ciências humanas."

Mais adiante: "Modernamente, Ciência Penitenciária e Penologia se identificam, em face da amplitude do objeto da Ciência Penitenciária, justapondo-o ao da Penologia. O objeto da Ciência Penitenciária militava-se ao estudo científico das penas privativas de liberdade e de sua execução. Atualmente, o objeto da Ciência Penitenciária compreende ainda o estudo das medidas alternativas à prisão, as medidas de segurança, o tratamento reeducativo e a organização penitenciária". Tais objetos podem ser examinados sob o ângulo da política de segurança pública posta em prática. Vê-se, pois, a nítida ligação entre a política e a ação do Estado com os conhecimentos da Ciência Penitenciária.

[245] P.17/18 de Mirabete, Julio Fabbrini. **Execução penal**: comentários à lei nº 7.210, de 11-7-1984. 10 ed. São Paulo: Atlas, 2002. p. 17-26., o autor menciona Giovanni Leone: "Giovanni Leone afirma que a função da execução penal deita raízes entre três

na medida em que são punidos atos já praticados, a política penitenciária tem relevância preventiva – do tipo *secundário* – na medida em que a efetivação da penalização pode influir sobre os demais membros da sociedade – especialmente aqueles criminosos potenciais –, coibindo eventuais tentativas de abalo da ordem pública.

Com política penitenciária o Estado resolve ou minora defeitos da pena privativa de liberdade que a fazem não atingir fins de readaptação ou reabilitação do criminoso, e não diminuir taxas de reincidência. Estuda-se a prisionização como processo de aculturação pela adoção maior ou menor de usos, hábitos e cultura geral da prisão, o que acarreta ao condenado perda da identidade, aquisição de nova identidade, sentimento de inferioridade, empobrecimento psíquico, infantilização e regressão. Avaliam-se os distúrbios psicológicos (psicoses carcerárias, depressões, angústias, distúrbios psicossomáticos) provocados pelo isolamento social, as enfermidades físicas (pulmonares, desnutrição, contágios, etc.), os efeitos científicos da duração das penas, os custos orçamentários estatais e os custos sociais especialmente no que afeta as famílias.

O controle das taxas de reincidência demanda incisões na forma de separação de presos em categorias (provisórios e sentenciados, perigosos e não tão perigosos etc.), controle das taxas de superlotação, adequação do número de funcionários destinados à guarda de presos e administração de presídios, além do desenvolvimento de regimes de reabilitação através do trabalho, de educação e de acompanhamento psicológico. São abordagens originárias da Ciência das Prisões, resultantes das obras de, entre outros, JEAN MABILTON, CASARE BONESANA (Marquês de Beccaria), JOHN HOWARD e JEREMY BENTHAM. São preocupações de natureza *estática* e

---

setores distintos: no que respeita à vinculação da sanção e do direito subjetivo estatal de castigar, a execução entra no direito penal substancial; no que respeita à vinculação como título executivo, entra no direito processual penal; no que toca à atividade executiva verdadeira e própria, entra no direito administrativo, deixando sempre a salvo a possibilidade de episódicas fases jurisdicionais correspondentes, como nas providências de vigilância e nos incidentes de execução. É ela realmente uma atividade complexa que – examinadas as coisas do ponto de vista da natureza da norma jurídica que dela cuida – envolve o direito penal substancial, o direito processual penal e o direito penitenciário que, para muitos, não passa de ramo do Direito Administrativo." A obra de Leone referida é: LEONE, Giovanni. **Tratado de derecho procesal penal**. Tradução de Santiago Sentis Melado. Buenos Aires, 1961. p. 472.

dinâmica das prisões, traduzidas na Ciência Penitenciária e na técnica penitenciária em termos de arquitetura ou aparelhamento das prisões, e vivência da individuação das penas.

A atuação estatal na elaboração e implantação de políticas penitenciárias considera ainda conceitos do Direito Penitenciário enquanto conjunto de normas que regulam as relações do Estado com o condenado, desde a sentença condenatória até o término da execução penal. Vale-se da Penologia, ciência não-normativa que tem como objeto de estudo a pena do ponto de vista *teórico* – isto é, a doutrina, a história etc., aparecendo a pena como realidade e tendo relação com a Criminologia; *legislativo* – ou seja, a pena considerada ético-juridicamente, e inserida na norma penal, tendo relação, pois, com o Direito Penal; e *judiciário* – a pena na sua fixação, no que importa o Direito Processual Penal, além de problemas doutrinários inerentes à sua aplicação.[246]

Visando eficiência do sistema prisional como instrumento de política de segurança pública, o Estado adequa custos de infra-estrutura, no que inclui agentes devidamente pagos e bem reinados, de maneira a fornecer o necessário a que o sistema prisional cumpra a sua função. Nessa perspectiva, aventa-se a possibilidade do Estado firmar parcerias com a iniciativa privada.[247]

---

[246] Ver a respeito MIOTTO, Armida Bergamini. **Curso de direito penitenciário**. São Paulo: Saraiva, 1975. v. 1, p. 3-42.

[247] P. 24 de MACAULAY, Fiona. Prisões e política carcerária. In: LIMA, Renato Sérgio; PAULA, Liana (Org). **Segurança pública e violência**: o estado está cumprindo seu papel? São Paulo: Contexto, 2006. p. 15-29.: A autora informa que muitos países, em resposta aos altos custos das políticas de encarceramento, convidaram a iniciativa privada a participar. Pode-se afirmar que as privatizações são de duas formas: "No sistema norte-americano, toda a administração da prisão é colocada sob a responsabilidade de uma empresa privada, desde a manutenção interna, com a questão da comida, até a segurança externa e as questões disciplinares. No modelo francês de semiprivatização, o Estado mantém a responsabilidade pela segurança e pela disciplina e passa a administração do cotidiano da unidade para uma empresa privada.

DELMAS-MARTY, na p. 132 de DELMAS-MARTY, Mireille. **Os grandes sistemas de política criminal**. Barueri: Manole, 2004. 562p., trata da "privatização dos serviços penitenciários": "Evidentemente ligada ao sistema penal, já que se trata de participar da execução das penas privativas de liberdade aplicadas por um tribunal, esta forma de participação do grupo social apresenta as características de uma atividade ao mesmo tempo coercitiva (função de guarda à base de coerção) e de fins lucrativos.

O Estado, enfim, no que diz respeito a sistema penitenciário, ao elaborar e implementar políticas de segurança pública faz uso de conhecimentos da Ciência Penitenciária, da Penologia, da Sociologia, da Psicologia, da Psicanálise, da Psiquiatria, do Direito Penitenciário, do Direito Penal e Processual Penal. Para tanto, o Estado seleciona aspectos daquelas ciências a serem observados nas políticas penitenciárias[248], seja para conceituação de estabelecimentos penais, seja para a sua edificação (estilo, condições arquitetônicas, aparelhagem), qualificação de pessoal, no trabalho e tratamento, educação e/ou reeducação de sentenciados.[249]

III.1.2 – Atuação Direta Lateral

Há atuação estatal direta na segurança pública, do tipo *lateral*, quando o Estado se vale de órgãos seus não voltados essencialmente à questão de manutenção da ordem pública, mas que a sua ação, quando em discussão questões relativas à criminalidade, incide relevante e frontalmente nesta seara, de forma que, embora não exclusiva, também não se pode afirmar que a atuação desses órgãos na segurança pública seja secundária.

A atuação direta lateral implica na possibilidade do Estado agir tanto em aspectos *estruturais* quanto *conjunturais* que digam respeito ao aprimoramento e à manutenção da ordem pública sob o ponto de vista da criminalidade.

---

[248] P. 32 de Albergaria, Jason. **Manual de direito penitenciário**. Rio de Janeiro: Aide Ed., 1993, 212 p.: "O Direito Penitenciário tem profundos vínculos com as ciências criminológicas, notadamente com a contribuição da Política Criminal, que transforma em regras jurídicas as conquistas da criminologia. Realmente, o Direito Penitenciário recebe subsídios da criminologia Geral e da Criminologia Clínica, que estudam o diagnóstico criminológico do condenado, o prognóstico de seu futuro e o processo de sua ressocialização. A psicologia e a psicanálise analisam a inteligência, a vida afetiva, o caráter, bem como as motivações e mecanismos do crime. A psiquiatria avalia as hipóteses de patologia mental do condenado e internado e contribui na proposição de métodos terapêuticos e medidas preventivas. A sociologia estuda a subcultura carcerária, a instituição total, o fenômeno da prisionização, bem como concorre para a investigação social do condenado, seu tratamento, a terapêutica de grupo e a terapêutica de massa."

[249] Ver política penitenciária em Miotto, Armida Bergamini. **Curso de direito penitenciário**. São Paulo: Saraiva, 1975. v. 2, p. 775-794.

– *Da atuação do Ministério Público*

Por intermédio do Ministério Público o Estado atua na ação penal com o objetivo de obter condenações de agentes criminosos, contribui na formulação de políticas de segurança pública, exerce controle de atividades policiais, além de fiscalizar e cobrar serviços de prevenção e de controle da criminalidade.

Como afirma SANTIN, "as abordagens da ação penal pública e da participação do Ministério Público devem ser vistas de modo amplo e abarcar todos os assuntos ligados ao crime, começando pela prevenção, política de segurança pública, conhecimento imediato da ocorrência, participação e interferência no trabalho de investigação criminal, movimentação privativa da máquina judiciária penal, atuação na instrução judicial e na efetiva realização da prestação jurisdicional, terminando pela execução da pena, preservação dos direitos humanos nas diversas fases da influência do crime na sociedade e dos seus reflexos nos envolvidos, inclusive a reparação dos danos provocados pelos crimes, com o objetivo de melhor proteger a vítima".[250]

Assim, ainda que mais concentrada a sua atuação na ação penal, o Ministério Público também age na *prevenção criminal* seja fiscalizando, seja exigindo da administração pública uma prestação de serviços segurança pública adequada – quantidade, qualidade, adequação e eficiência dos serviços de segurança pública –, tendo a sua ação fundamentada em regras e princípios constitucionais e infraconstitucionais que impliquem no dever do governante exercer segurança pública com eficiência, sob pena de sofrer sanções.[251] Em se tratando de política de segurança pública,

---

[250] P. 208 de SANTIN, Valter Foleto. **Controle judicial da segurança pública**: eficiência do serviço na prevenção e repressão ao crime. São Paulo: Ed. Revista dos Tribunais, 2004. 286p.

[251] Na p. 209 de SANTIN, Valter Foleto. **Controle judicial da segurança pública**: eficiência do serviço na prevenção e repressão ao crime. São Paulo: Ed. Revista dos Tribunais, 2004. 286p.: "A legitimação do Ministério Público decorre da caracterização da segurança pública como direito difuso, dizendo respeito a interesses transindividuais, de natureza indivisível, relacionado a número determinável ou indeterminável de pessoas, a justificar a intervenção do Ministério Público."

Mais adiante, ainda na p. 209: "O Ministério Público, defensor da sociedade e dos direitos coletivos e difusos, não pode permanecer distante da problemática situação da segurança pública, devendo intervir no assunto, seja em cooperação com o Executivo ou por meio da ação civil pública, se a sua interferência não for admitida ou facilitada pelo Executivo."

o Ministério Público cobra responsabilização da administração em caso de vícios, omissão ou má implementação. O Ministério Público não opta por focar uma ou outra atuação. Age concomitantemente em todas se valendo de estrutura e organização que lhe possibilitam ir além do trato dos crimes já ocorridos e cujas consequências já se consumaram na sociedade.

O Ministério Público canaliza esforços institucionais para a promoção de medidas administrativas e judiciais de implementação e melhoria dos serviços públicos essenciais à prevenção criminal. São iniciativas *pró-ativas* visando demover o poder público de sua eventual inércia em promover um sistema de segurança pública eficaz.[252] Para tanto, "a instituição precisa preparar-se para atuar na área preventiva, com o aprofundamento dos estudos de criminologia para melhor formação dos seus membros e atendimento da necessidade de conhecimentos específicos, diferentes dos exigidos para a atuação tradicional".[253]

O acompanhamento da atuação das polícias, especialmente quanto ao comportamento irregular dos agentes policiais, é uma das funções institucionais do Ministério Público de maneira a resguardar a segurança jurídica e material da sociedade.[254] A participação do Ministério Público

---

[252] Loureiro, Ythalo Frota. **O papel do Ministério Público na gestão democrática da segurança pública**. Disponível em: http://www.acmp-ce.org.br/docs/TESE_YTHALO.pdf>. Acesso em: 1º abr. 2008.

[253] P. 211 de Santin, Valter Foleto. **Controle judicial da segurança pública**: eficiência do serviço na prevenção e repressão ao crime. São Paulo: Ed. Revista dos Tribunais, 2004. 286p. Na P. 212: "Em comparação com a incipiente atuação do Ministério Público brasileiro no processo de prevenção do crime no Brasil, a participação do órgão é mais acentuada em outros países, fruto de legislação e sistemática mais específicas e precisas, como em Portugal, no México e no Peru, em que os ordenamentos jurídicos dispõem sobre as atividades relacionadas à prevenção de delitos. Em Portugal, o Ministério Público tem a incumbência de 'promover e realizar acções de prevenção criminal' (art. 3º, n. 1, i, Lei 60/1998, nova Lei Orgânica do Ministério Público), sem prejuízo do trabalho policial. No México, a Procuradoria-Geral da República, como órgão essencial do Sistema Federal de Justiça e representante dos indivíduos, da sociedade e do Estado, participa das ações de prevenção de delito, para garantir a segurança pública (art. 2º, VII, e art. 10, Lei Orgânica do Ministério Público). No Peru, o Ministério Público tem a função de velar pela prevenção do delito (art. 1º, Lei Orgânica do Ministério Público, Decreto Legislativo 52).

[254] P. 212/213 de Santin, Valter Foleto. **Controle judicial da segurança pública**: eficiência do serviço na prevenção e repressão ao crime. São Paulo: Ed. Revista dos Tribunais, 2004. 286p.: "Nos Estados Unidos, o Ministério Público tem atuado fortemente no controle das atividades policiais, especialmente em relação ao padrão de comporta-

interessa ainda quando, na qualidade de defensor da sociedade e dos direitos individuais indisponíveis, sociais, coletivos e difusos, é essencial na fixação da política de segurança pública, com a apresentação de propostas e sugestões, tomando parte das discussões dos planos, metas e estratégias, normalmente restritas ao executivo, de planejamento e execução das medidas necessárias, para a prevenção e repressão à criminalidade. Na política de segurança pública, a sua atuação contribui para a formulação, fixação e alterações até a fiscalização, acompanhamento da execução e exigência da sua aplicação pelos organismos estatais, administrativa ou judicialmente.[255]

– *Da atuação do Poder Judiciário*

Ao Judiciário não cumpre apenas avaliar e decidir nos processos criminais. Fruto dessa própria função, a experiência o possibilita a contribuir de forma significativa no aprimoramento da lei penal, tanto no que diz respeito à penalização, quanto no que importe à tipificação criminal, com reflexos na segurança pública. O mesmo se diz relativamente à execução penal. Embora atuando diretamente na segurança pública, a ação do Judiciário produz ainda reflexos indiretos quando esgota a repressão criminal e transmite à sociedade o valor da punição.

A atuação do Judiciário não se limita às lides que envolvem os processos e as execuções penais. Cumpre-lhe apreciar e julgar, se provocado, omissões do Estado no exercício da segurança pública, assim como na formulação e na implementação de políticas a ela destinadas, naquilo que, evidentemente, agrida ao princípio da legalidade e comprometa a independência dos poderes.[256] Mas não apenas isso. Em nome do interesse

---

mento irregular, nas chamadas investigações por má conduta policial, police misconduct, por pattern and paractice (padrão e prática), por aplicação do Violent Crime Control and Law Enforcement Act of 1994, 43 U.S.C. 14141 ('Section 14141'), com inúmeras investigações, ações civis e acordos com departamentos de polícia."

[255] P. 265/266 de SANTIN, Valter Foleto. **Controle judicial da segurança pública**: eficiência do serviço na prevenção e repressão ao crime. São Paulo: Ed. Revista dos Tribunais, 2004. 286p.

[256] SANTIN, Valter Foleto. **Controle judicial da segurança pública**: eficiência do serviço na prevenção e repressão ao crime. São Paulo: Ed. Revista dos Tribunais, 2004. 286p.

da sociedade, e evidentemente sem avançar sobre as competências do Executivo e do Legislativo, pode atuar ao lado destes com contribuições à formulação de políticas de segurança pública.

III.2 Atuação Indireta do Estado na Segurança Pública

Ao atuar indiretamente *sobre* a segurança pública, o Estado assume primordialmente três posturas: *dirigir*, no sentindo de determinar, limitar ou condicionar a conduta de terceiros ou até mesmo de si próprio; *mobilizar*; e *induzir*, estimulando e incentivando o agente que de alguma forma atuará na segurança pública. Para o desempenho de umas e outras, o Estado se vale de normas e técnicas diferenciadas.

III.2.1 – Atuação Indireta por Direção

A atuação indireta estatal sobre a segurança pública na modalidade *direção* ocorre quando o Estado faz uso de mecanismos que impõem comportamentos a sujeitos. Tais comportamentos produzem reflexos esperados na segurança pública. Para tanto, o Estado, de forma cogente, faz uso de comandos limitadores e condicionantes.

P. 207/208: "Antonio Augusto de Camargo Ferraz entende que a remoção da desigualdade social ou a solução de problemas cruciais, relativamente à educação, saúde, habitação, emprego, segurança e transporte, dependem muito mais de políticas públicas adequadas e investimentos, do que medidas judiciais, mas que 'a omissão ou incompetência do Poder Público muitas vezes tornam mais fácil exigir em juízo, individual ou coletivamente, o respeito a preceitos da Constituição do que cobrar diretamente, pela via política, essas medidas de boa administração', defendendo uma maior atuação do Ministério Público na defesa dos direitos individuais indisponíveis, dos direitos humanos e dos direitos sociais, especialmente porque está inserido, como 'ator necessário, no epicentro dessas tensões sociais e político-institucionais', por sua conformação jurídica e natureza de suas atribuições constitucionais. Complementa ser 'inevitável que o Poder Judiciário seja palco de discussões e tentativas de implementação desses direitos'." (texto referido: " compreensão do atual modelo constitucional do Ministério Público brasileiro como condição para o aprimoramento de seus serviços – 1997. **Ministério Público e afirmação da cidadania**. São Paulo: Editado pelo autor, 1997. p. 129-136.).

– *Da autorização e fiscalização das empresas privadas de segurança particular*

A segurança privada tem crescido tanto no que diz respeito a efetivos quanto em volume de negócios.[257] Para LÉVY, referindo-se à França, a emergência da segurança privada se deve à incapacidade de enfretamento da questão 'segurança' pelas polícias e tem que "esse desenvolvimento foi visto a princípio com muita desconfiança pelas polícias do Estado, cujo monopólio parecia. Todavia, hoje –a exemplo do que se passou em outros países –a percepção oficial desses elementos da segurança modificou-se: elas estão sendo percebidas como forças suplementares."[258]

Para outros, como MARTINS, o avanço da segurança privada é exigência da necessidade de redução do nível de violência urbana, de maneira a complementar a defesa da sociedade e de seu patrimônio.[259] Já na visão de OCQUETEAU, a segurança privada é "uma tentativa do Estado, enfraque-

---

[257] P. 65 de LÉVY, René. A crise do sistema policial francês hoje: da inserção local aos riscos europeus. **Tempo Social: Revista de Sociologia da USP**. São Paulo, v. 9, n. 1, p. 53-77, mai. 1997.: Na França, "Os efetivos quase dobraram desde a metade dos anos 80, de modo que se conta hoje com a média de um empregado de segurança para dois policiais ou guardas, o que constitui, ainda, uma proporção limitada, em comparação com outros países desenvolvidos (nos Estados Unidos, ela é de 3 por 1). Da mesma maneira, o volume de negócios mais que dobrou durante o mesmo período, embora tenha apresentado nítida redução do ritmo de crescimento nestes últimos anos (relacionada ao marasmo geral das transações econômicas)".

Em Paixão, Antônio Luiz. Segurança privada, direitos humanos e democracia: notas preliminares sobre os novos dilemas políticos. **Novos Estudos Cebrap**. São Paulo, n. 31, p. 131-141, out. 1991: P. 131: "O sistema de controle social das sociedades modernas vem se caracterizando – desde o final dos anos 1940 – pelo crescimento simultâneo da burocracia policial e de organizações e serviços de segurança privada (Shearing e Stenning, 1981)." P. 33, referindo-se ao Brasil, informa que as empresas de segurança privada "é um negócio lucrativo que dá emprego a 500 mil vigilantes particulares, enquanto o Distrito Federal e os Estados têm um corpo de aproximadamente 475 mil policiais civis e militares".

[258] P. 64 de LÉVY, René. A crise do sistema policial francês hoje: da inserção local aos riscos europeus. **Tempo Social: Revista de Sociologia da USP**. São Paulo, v. 9, n. 1, p. 53-77, mai. 1997.

[259] P. 237 de MARTINS, Ives Gandra da Silva. Proibição legal para que empresas privadas especializadas em segurança, serviços de vigilância e de transporte de valores sejam constituídas por estrangeiros: constitucionalidade da vedação. **Revista de Direito Privado**. São Paulo, v. 2, n.5, p. 231-242, jan./mar. 2001.

cido em suas alocações de recursos de segurança para a sociedade e para as vítimas organizadas da 'propriedade particular de massa', tornar-se o mestre e o organizador como terceiro ator, de regulações, das quais a gestão comercial não lhe pertence de fato".[260] CUDOLÀ toma a segurança privada como "una actividad complementaria y subordinada a la seguridad pública, no pudiendo llegar a substituirla o reemplazarla totalmente en el ejercicio de funciones de autoridad. Comporta, por ello, un deber de auxilio y colaboración con las fuerzas y cuerpos de seguridad."[261] Pondera PAIXÃO que o crescimento da segurança privada representaria riscos potenciais para a ordem democrática – seja no plano das liberdades individuais, seja no plano institucional da quebra do monopólio estatal dos meios de violência, mas que, na visão dos otimistas, a solução estaria na *regulação.*

OCQUETEAU elege três aspectos fundamentais para compreensão da segurança privada. Primeiro, é um setor de serviços que age sob o modo do mandato ou contrato, e fornece pessoal e equipamentos de proteção, com procedimentos de gestão de risco (*risk management*). Ela implica o conjunto da indústria e do comércio da fabricação, da distribuição e da instalação de equipamentos de proteção passiva, assim como a ela se relacionam os serviços humanos de proteção passiva e ativa. "Em segundo lugar, é um setor de serviços orientado por uma filosofia de ação de

---

[260] Diz o autor, na p. 190 de OCQUETEAU, Frederic. A expansão da segurança privada na França: privatização submissa de ação policial ou melhor gestão da segurança coletiva. **Tempo Social: Revista de Sociologia da USP**, São Paulo, v. 9, n. 1, p. 185-195, mai. 1997., que: "O começo dos anos 80 constituiu o primeiro momento em que surgiu para os poderes públicos a necessidade de separar claramente o que era e o que não era economicamente viável no mundo da segurança privada. Essa questão se sobrepôs àquela da natureza moral (legítima) ou imoral (ilegítima) da proteção privada. Desde então, a legalização de um número sempre crescente de atividades de segurança privada tornou-se uma prática sistemática na ordem do dia sem real discussão pública.

Mais adiante, completa o autor: "Esta evolução mostra bem como o 'setor privado' encontra-se legitimado pelos poderes públicos. Não se trata de uma legitimação pela simples legalização. Ocorre igualmente uma legitimação de um setor antes problemático a partir do momento em que não há mais verdadeiros debates de fundo no âmago da sociedade e da polícia pública sobre sua existência. Os valores de segurança e de proteção não são mais vistos como antagônicos aos valores de liberdade, como era ainda o caso nos anos 60 e 70. Mudamos completamente de era."

[261] P. 55 de CUDOLÀ, Vicenç Aguado. **Derecho de la seguridad pública y privada**. Cizur Menor: Aranzadi, 2007. 233p.

investigação (detetives particulares), da proteção e da dissuasão, tendo por objetivo fundamental prevenir riscos de perdas (ligadas à intimidade, ao poder, ao saber, à influência, ao prestígio ou à riqueza) de seus clientes, ou de prejuízos ligados aos ataques à integridade física (a vida, o corpo; guarda-costas, por exemplo), à propriedade material (os bens móveis e imóveis – a atividade de vigilância, segurança de locais, televigilância ou informações – segurança informática, por exemplo). O conjunto dessas atividades de proteção visam prevenir a frequência de perdas. Estas são ocasionadas por acidentes por erros e por negligências humanas e técnicas, enfim, por comportamentos incivis, de má fé ou criminosos". Finalmente, "é um setor de serviços de funcionamento semi-autônomo. Caracterizado principalmente por sua orientação para o lucro, obedece em suas grandes linhas às leis do mercado da oferta e da procura, numa relação de natureza privatista, o contrato de compra ou de serviço ligando um prestador de serviços e um cliente. O cliente pode ser uma organização qualquer; pública (ministérios, agências governamentais, administradoras de estabelecimentos públicos...), privados (industriais, comerciantes...) e mesmo um particular (proprietário de uma segunda residência...) ou particulares (agrupados numa habitação coletiva, condomínios, por exemplo)".[262]

Já DINIZ considera que segurança privada é o conjunto de atividades desenvolvidas por empresas especializadas em prestação de serviços com a finalidade de: a) proceder à vigilância e segurança patrimonial das instituições financeiras e de outros estabelecimentos, sejam públicos ou particulares; b) garantir a incolumidade física das pessoas; c) realizar transporte de valores ou garantir o transporte de qualquer outro tipo de carga; d) recrutar, selecionar, formar e reciclar o pessoa a ser qualificado e autorizado a exercer essas atividades.[263] PAIXÃO afirma que "em geral,

---

[262] P. 186 de OCQUETEAU, Frederic. A expansão da segurança privada na França: privatização submissa de ação policial ou melhor gestão da segurança coletiva. **Tempo Social: Revista de Sociologia da USP**, São Paulo, v. 9, n. 1, p. 185-195, mai. 1997.

[263] Citada em P. 241 de MARTINS, Ives Gandra da Silva. Proibição legal para que empresas privadas especializadas em segurança, serviços de vigilância e de transporte de valores sejam constituídas por estrangeiros: constitucionalidade da vedação. **Revista de Direito Privado**. São Paulo, v. 2, n.5, p. 231-242, jan./mar. 2001. A obra referida de DINIZ é Dicionário jurídico. São Paulo: Saraiva, 1998. vol. 4, p. 280.

DINIZ considera que "enquadram-se como segurança privada os serviços de segurança desenvolvidos por empresas que tenham objeto econômico diversos da vigilância

a segurança privada inclui tanto as empresas que vendem a seus clientes serviços de vigilância (de residências, condomínios, lojas, centros comerciais e plantas industriais) ou equipamentos de prevenção (como cães treinados e aparelhos de alarme e autodefesa), quanto os departamentos e divisões de segurança interna de empresas e instituições".[264]

ALFONSO considera que, na Espanha, as atividades de prestação de serviços de segurança privada estão sujeitas, de maneira geral, a regras e obrigações. Afirma que elas têm caráter complementar e subordinado à segurança pública, com dever de absoluto respeito à Constituição e às leis aplicáveis à matéria, tendo por base os princípios da integridade e da dignidade para a proteção e trato correto das pessoas, de forma a evitar abusos, arbitrariedades e violências, tendo a congruência e a proporcionalidade como nortes para a utilização das faculdades e meios disponíveis. Acrescenta que a segurança privada tem como dever auxiliar as forças de segurança prestando-lhes colaboração e seguindo as suas

---

ostensiva e do transporte de valores, que utilizem pessoal de quadro funcional próprio, para a execução dessas atividades.

As atividades de segurança privada desenvolvidas por empresas especializadas em prestação de serviços, com a finalidade de proceder à segurança de pessoas físicas e de garantir o transporte de valores ou de qualquer outro tipo de carga, serão consideradas segurança pessoal privada e escolta armada, respectivamente.

O Sistema de Segurança privada inclui pessoal adequadamente preparado, assim designado vigilante."

Segundo BRASIL. Ministério da Justiça. **Segurança privada**. Brasília, [200-]. Disponível em <http://www.mj.gov.br/data/Pages>. Acesso em: 22 abr. 2008:

Quanto a **vigilância patrimonial**: "É exercida dentro dos limites dos estabelecimento, urbanos ou rurais, públicos ou privados, com a finalidade de garantir a incolumidade física das pessoas e a integridade do patrimônio no local, ou nos eventos sociais."

Quanto ao **transporte de valores**: "consiste no transporte de numerário, bens ou valores, mediante a utilização de veículos, comuns ou especiais."

Quanto a **escolta armada**: "a atividade de escolta armada visa a garantir o transporte de qualquer tipo de carga ou de valores."

Quanto a **segurança pessoal**: "é exercida com a finalidade de garantir a incolumidade física das pessoas".

Finalmente, quanto aos **cursos de formação**: "têm por finalidade formar, especializar e reciclar os vigilantes."

[264] P. 131 de PAIXÃO, Antônio Luiz. Segurança privada, direitos humanos e democracia: notas preliminares sobre os novos dilemas políticos. **Novos Estudos Cebrap**. São Paulo, n. 31, p. 131-141, out. 1991.

instruções com relação a pessoas, bens, estabelecimento e veículos cuja proteção, vigilância ou custódia estiverem a seu cargo.[265]

Conforme visto no Capítulo I – Segurança Pública, item I.1 – Definição, não cumpre ao Estado dar fim à criminalidade, mas sim mantê-la em patamar compatível com a estabilidade social. O Estado deve ser responsabilizado caso se omita ou realize mal a política de segurança pública. No entanto, o Estado não é um garantidor universal, não podendo ser responsabilizado por todo e qualquer prejuízo ocorrido em decorrência da prática criminosa. Assim, pode o particular, no interesse de melhor proteger a si próprio e a seus bens, contratar *segurança privada* já que, embora se exija que o Estado exerça a segurança pública, não se pode pretender que ele dê absoluta garantia da não ocorrência de crimes.

Não se pode, por outro lado, afirmar que a segurança privada exista para auxiliar a segurança pública. Nem se pode dizer que ela emerja necessariamente da incapacidade policial de lidar com a questão segurança, mas sim da realidade de que, como dito, não cabe ao Estado abolir a criminalidade, sendo dado ao particular o direito de se defender e de defender o seu patrimônio, sem, entretanto, avançar sobre seara da segurança pública. Embora o seu *objetivo* não seja o de auxiliar a segurança pública, a segurança privada pode involuntariamente *colaborar* com a manutenção da ordem pública. O exercício da segurança privada é atomizado, de forma que, quando uma empresa do ramo presta seus serviços, o seu foco é o cliente. Não há nisso atuação de interesse público. Neste sentido, CUDOLÀ aponta como uma das principais características da segurança privada "la existencia de un cliente que paga por la prestación de los servicios de seguridad cuyos intereses no siempre coinciden con los de la generalidad de los ciudadanos".[266] Na visão do Estado, entretanto, são muitas empresas do ramo prestando seus serviços a muitos clientes, de modo que o *sistema segurança privada* tem relevância ao poder influir, sob o ponto de vista da criminalidade, na manutenção da ordem pública pretendida pelo Estado, o que motiva ações estatais de controle – essencialmente concessão de autorizações de funcionamento e fiscalização. Ainda que se identifiquem aspectos de coincidência no desempe-

---

[265] P. 184/195 de ALFONSO, Luciano P.; DROMI, Roberto. **Seguridad pública y derecho administrativo**. Madrid: Marcial Pons, 2001. 410 p.

[266] P. 56 de CUDOLÀ, Vicenç Aguado. **Derecho de la seguridad pública y privada**. Cizur Menor: Aranzadi, 2007. 233p.

nho de suas funções, segurança pública e segurança privada distinguem-se essencialmente, no âmbito do Direito de Segurança Pública, porque somente aquela tem por objetivo a manutenção da ordem pública.

A segurança privada, portanto, a rigor, não complementa a segurança pública na medida em que ela não existe para suprir lacunas estruturais ou funcionais, bem como não suplementa a segurança pública vez que não se presta a atuar além de onde o Estado aja. Afasta-se, pois, qualquer tentativa de identificar segurança privada com serviço público, ou atribuir responsabilidade ao Estado pela eventual má atuação de empresa de segurança privada. Ao conceder autorização para o funcionamento ou fiscalizar a atuação, o Estado não atesta que uma empresa de segurança privada prestará um serviço adequado de segurança privada, mas que ela não atuará de forma a comprometer a segurança pública. Assim, danos eventualmente suportados pelo cliente da empresa de segurança privada devem ser reclamados nos termos do contrato firmado e se valendo das regras do Direito Civil, sem ser atribuída responsabilidade ao Estado.

A atividade de segurança privada é de titularidade exclusiva do setor privado, não podendo ser prestada pelo poder público. Isso não quer dizer que o Estado não possa prestar segurança ao particular. Pode e deve quando envolvido o interesse público. Não se admite, contudo, que a empresa privada preste segurança ao público, mesmo quando em nome de algum interesse privado.

A regra é que o Estado, e somente ele, deve atuar no exercício da segurança pública. Mesmo em locais, atividades ou eventos particulares nos quais haja interesse público de coibir a prática da violência e crime o Estado deve se fazer presente, não sendo dado ao particular optar pela ausência do Estado, ainda que contratados os serviços de empresa especializada.[267] Sem o Estado, aquele local não se abre ao público e o evento

---

[267] Admite-se, aliás, atuação concomitante das seguranças pública e privada. A atuação conjunta possibilita conclusões do tipo "há crença generalizada quanto à maior capacidade e flexibilidade da indústria de segurança em responder a demandas variáveis por segurança das empresas e do público em geral: a polícia tornou-se cativa dos regulamentos do serviço público e dos sindicatos que ampliam os custos e diminuem a eficiência de seus serviços". Ou que "a indústria de segurança atende melhor a empresas e indivíduos que encontram na *restituição* e na *compensação* do dolo criminoso objetivos mais relevantes de política do que a *vingança*, a *reafirmação do consenso moral* ou a *dissuasão*, melhor servidos pela polícia. A segurança privada amplia as possibilidades de compensação de danos porque, por um lado, detém o privilégio de investigar crimes e deter

não acontece. Enfim, não é a natureza do local, atividade ou evento, se público ou privado, que define a necessidade de segurança pública, mas sim a constatação de que há ou não há interesse público envolvido.

III.2.2 – Atuação Indireta por Indução

– *Das políticas públicas para a segurança pública*

Há segurança pública num Estado quando a criminalidade está em equilíbrio dinâmico com as condições socioeconômicas nele existentes. Tanto melhor será a segurança pública quanto melhores forem as condições socioeconômicas, sendo obrigação do Estado agir para que isso ocorra. Para tanto, o Estado pode elaborar políticas e efetivamente agir, por exemplo, no desemprego, no nível de escolaridade ou na desigualdade.[268]

Quanto a segurança pública, o Estado atua de forma *indireta* quando elabora e implementa políticas públicas, sociais ou de outra ordem, destinadas *especificamente* à segurança pública, isto é, cujo fim seja o de manter a criminalidade na *zona de estabilidade* definida pelas condições socioeconômicas. Políticas públicas *para* a segurança pública não se confundem com políticas públicas *com reflexos* na segurança pública, ainda

delinqüentes e, por outro, não se obriga a processá-los legalmente. Assim, seus clientes estão liberados dos custos e riscos do processamento penal dos predadores e se beneficiam da capacidade da segurança privada de negociar restituições de modo extralegal com seus agressores (Shering e Stenning, 1981; Spiltzer e Scull, 1977) – no caso limite da máfia ou das 'polícias mineiras', eliminando-os". In p. 134 de PAIXÃO, Antônio Luiz. Segurança privada, direitos humanos e democracia: notas preliminares sobre os novos dilemas políticos. **Novos Estudos Cebrap**. São Paulo, n. 31, p. 131-141, out. 1991.

[268] P. 170 de BEATO, Cláudio Chaves; PEIXOTO, Betânia Totino. Há nada certo. Políticas sociais e crime em espaços urbanos. In: SENTO-SÉ, João Trajano (Org.). **Prevenção da violência: o papel das cidades**. Rio de Janeiro: Civilização Brasileira, 2005. p. 136-202. Na p. 171: "Versões mais recentes na literatura acerca de políticas de contenção da criminalidade em diferentes países têm enfatizado a integração de programas que atuem junto aos ofensores, bem como de estratégias de redução de oportunidades (Adam Crawford, 1998), desembocando na idéia de uma abordagem sistêmica para o controle de criminalidade (Burick, 1993; Sherman, 1997). Na realidade, por razões de ordem teórica, é muito difícil separarmos programas e ações de natureza mais dissuasória de programas sociais, dado que estamos tratando de processos de controle social."

que estes reflexos sejam relevantes por algum motivo ou medida para a criminalidade.

Específica por um ângulo, por outro a política pública para a segurança pública é ampla vez que se permite a áreas, sejam elas quais forem – de cunho social (educação, saúde, trabalho, moradia, redistribuição de renda etc.) ou outro, por exemplo, que se refira ao ambiente urbano –, que de alguma forma influenciem o alcance e a manutenção da ordem pública.

Para tanto, o Estado, independentemente da natureza do seu sistema político, pode conjugar políticas sociais para a segurança pública *universais* e *focalizadas*, sendo as primeiras aquelas em que há a definição de diagnósticos globais, ou seja, cujos benefícios e resultados de maneira geral não são localizados em grupos sociais específicos, em contraposição às políticas sociais para a segurança pública *focalizadas*. Estas podem ser propostas em co-parceria com o Estado e depender da participação e envolvimento das comunidades afetadas para a sua efetiva implementação, ao passo que as *universais* caracterizam-se pela ação e iniciativa dos governos.[269]

Para fins de sistematização, as políticas sociais subdividem-se em pelo menos quatro horizontes teóricos e práticos: políticas assistenciais, políticas socioeconômicas, socioeducativas e políticas participativas. Embora se interpenetrem, as três primeiras caracterizam-se pela atuação indireta do Estado e são do subtipo *política de atuação indireta por indução*. Ou seja, são políticas por meio das quais o Estado provoca ou favorece um *resultado* que é a manutenção da criminalidade na *zona de estabilidade* socioeconômica. Já as políticas sociais participativas têm a participação estatal indireta, no subtipo *política de atuação indireta por mobilização*, utilizada quando o Estado se movimenta para deflagar uma *ação* específica da sociedade que faça com que a criminalidade se ajuste à *zona de estabilidade* socioeconômica. Numa e noutra, o Direito de Segurança Pública não opera sanções, próprias dos ramos tradicionais do direito, mas sim com normas jurídicas de incentivo – prêmios sociais – diretos e/ou indiretos.

---

[269] Ver SCHWARTZMAN, Simon. **Conclusão: políticas sociais e política da pobreza**. Rio de Janeiro: Fundação Getúlio Vargas, 2004. Disponível em http://www.schwartzman.org.br/simon/causasp_files/causasp8.htm Acesso em 17 jul. 2008.

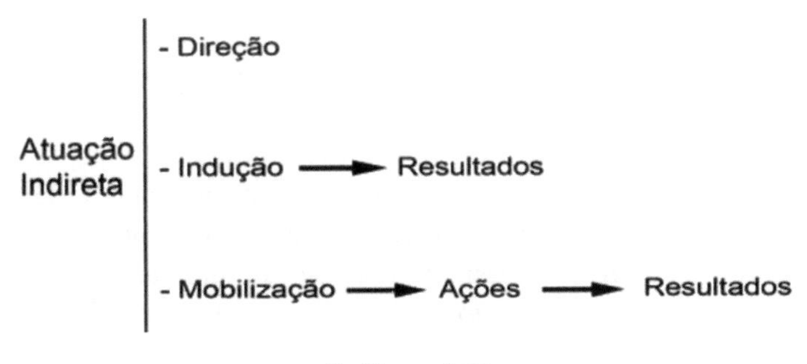

Gráfico n.º 07

As políticas públicas para a segurança pública vão além das políticas sociais. Mesmo estas podem ser outras além das a seguir descritas. Portanto, não há a intenção de se exaurir as possibilidades.

– *Das políticas sociais de cunho assistencial*

Não há quem discorde que não existe sociedade sem criminalidade. O que se verifica são sociedades mais ou menos evoluídas socioeconomicamente de modo a serem observados maiores ou menores índices de criminalidade que devem ser mantidos flutuando em patamar compatível com a sociedade em estudo. Quanto menos evoluída a sociedade sob o ponto de vista do conjunto dos indicadores socioeconômicos, mais cabe ao Estado uma atuação incisiva no sentido de induzir que a criminalidade não ultrapasse os limites da *zona de estabilidade* socioeconômica. Para tanto, assiste grupos populacionais sujeitos a problemas de segurança pública, isto é, que têm a criminalidade acima do aceitável. Mesmo em sociedades mais evoluídas podem ocorrer surtos de criminalidade que demandam ações assistenciais estatais, caracterizadamente emergenciais, de modo que a criminalidade retorne à *zona de estabilidade*.

Pelo menos três aspectos relevantes devem ser observados nas especificações de políticas sociais assistenciais para a segurança pública: as características do grupo social objeto da política; a natureza permanente ou emergencial da assistência; e a atenção à distinção entre assistência e assistencialismo. O grupo social assistido pode ser definido pela qualificação de seus membros ou pelo território onde está colocado. Pela qualificação dos seus membros, tem-se, por exemplo, ações assistenciais destinadas a jovens negros de famílias de baixa renda, sabidamente pertencentes a um grupo de potenciais vítimas do crime ou de potenciais criminosos, para os quais podem ser desenvolvidas e implementadas políticas educacionais e de emprego visando desviar o jovem do caminho da criminalidade. Pelo critério território, políticas sociais podem ser postas em prática junto a, por exemplo, favelas ou periferias de grandes cidades onde os índices de criminalidade são normalmente elevados.

Há grupos que sofrem com problemas de segurança pública por razões estruturais e que necessitam, por isso, de uma assistência permanente, ao passo que outros grupos vivem situações esporádicas de crise, o que justifica ações emergenciais de maneira a apenas recompor o quadro de equilíbrio, não substituí-lo. Neste caso, a assistência é temporária e é realizada de forma a tornar-se dispensável. A assistência de natureza estrutural é um direito dos grupos sociais que não equilibram a sua criminalidade, que não mantém a ordem pública tal como observada para o restante da sociedade na qual estão inseridos.

É também um direito conjuntural, emergencial do grupo social, tendo como finalidade, diante de picos de desequilíbrio – abalos da ordem pública –, ver recomposta a ordem pública.

Deve-se ter presente ainda que a assistência em segurança pública não é estratégia apropriada para a evolução social que vise alteração de patamar da *zona de estabilidade*. Para isso, devem ser agilizados processos sociais emancipatórios e definitivos. Não transformar assistência em assistencialismo também é alvo de preocupação na segurança pública. Assistencialismo implica em comodismo e significa perenizar problemas sociais sob a aparência de ajuda. O grupo social torna-se dependente, sendo levado a desmobilizar-se e é desestimulado à criação de soluções originárias do próprio grupo. Assistencialismo em segurança pública mantém latente a insegurança, com a falsa sensação de manutenção da ordem pública.

– Das políticas sociais de natureza socioeconômicas

Déficits socioeconômicos são normalmente apontados como responsáveis por altas taxas de criminalidade em grandes centros urbanos.[270]

---

[270] P. 165 de Beato, Cláudio Chaves; Peixoto, Betânia Totino. Há nada certo. Políticas sociais e crime em espaços urbanos. In: Sento-Sé, João Trajano (Org.). **Prevenção da violência: o papel das cidades**. Rio de Janeiro: Civilização Brasileira, 2005. p. 136-202.

Tais déficits são a um só tempo, causa e efeito do desequilíbrio social. Desemprego, desigualdade e ausência de políticas sociais compensatórias são os ingredientes que compõem um quadro para a emergência de criminalidade e violência.[271] Em sociedades com elevados déficits socioeconômicos, a *zona de estabilidade* definidora da ordem pública está em patamar no qual a criminalidade é naturalmente alta. Políticas socioeconômicas para a segurança pública servem, então, para preparar a evolução do nível de manutenção da ordem pública, ou seja, propiciam a configuração de *pontos de mutação* a partir dos quais a sociedade ajusta nova *zona de estabilidade,* condizente com melhores condições socioeconômicas. Para tanto, o Estado planeja redirecionamentos do crescimento econômico e incentiva tipos de investimento voltados à geração de emprego e renda que surtam efeitos diretos no âmbito da segurança pública.

São políticas tipicamente socioeconômicas que podem ser desenvolvidas e implementadas com fins específicos de segurança pública, ou seja, cujos rumos podem e devem ser alterados de acordo com a flutuação da criminalidade na manutenção da ordem pública: políticas de emprego; políticas de apoio às formas de microprodução; políticas de profissionalização da mão-de-obra; políticas de habitação para baixa renda; políticas de saúde, nutrição e saneamento; políticas de previdência; políticas de transporte urbano; políticas de urbanização; e políticas de fundos sociais.[272]

---

[271] Na mesma p. 165 de Beato, Cláudio Chaves; Peixoto, Betânia Totino. Há nada certo. Políticas sociais e crime em espaços urbanos. In: Sento-Sé, João Trajano (Org.). **Prevenção da violência: o papel das cidades**. Rio de Janeiro: Civilização Brasileira, 2005. p. 136-202.

[272] Nas p. 33/34, Demo, Pedro. **Política social, educação e cidadania**. 10 ed. Campinas: Papirus, 1994.124 p. justifica a importância dessas políticas socioeconômicas: políticas de emprego são a forma mais estrutural de redistribuir renda, seja no setor dito formal seja no setor dito informal; sair da pobreza significaria, em grande parte, trabalhar/produzir adequadamente; políticas de apoio às formas de microprodução, com vistas a ocupar espaço sólido no mercado agrícola ou urbano (indústria, comércio, serviços), como caminho possível de superação da pobreza; políticas de profissionalização da mão--de-obra, algo certamente dependente do mercado de trabalho (a profissionalização não cria emprego), mas relevante como estratégia de preparação, adequação, retreinamento etc.; políticas de habitação para baixa renda, voltadas a enfrentar a dificuldade extrema de acesso habitacional por parte das grandes massas que acorrem às cidades e nelas se aglomeram em favelas; o acesso à habitação depende também essencialmente da renda familiar ou individual; políticas de saúde, nutrição, saneamento, com vistas a enfrentar

– *Da política socioeducativa*

A política socioeducativa para a segurança pública volta-se ao atendimento do infrator jovem. Com a intenção de criar caminhos distintos da criminalidade, faz-se a articulação operacional de órgãos estatais e o fortalecimento dos vínculos familiares e comunitários. São desenvolvidas propostas pedagógicas voltadas especificamente à reinserção social, com a capacitação sistemática e permanente de equipe técnica e pedagógica que lida direta e indiretamente com adolescentes. Fomentam-se pesquisas e são transmitidos conhecimentos com metodologias e a práticas testadas.

A política socioeducativa está sustentada nos direitos da pessoa humana e numa pedagogia que aprofunde e avance na concepção da educação voltada à conquista da autonomia do indivíduo e do exercício da cooperação e da vivência baseada em valores cívicos.

III.2.3 – Atuação Indireta por Mobilização

– *Da política social participativa*

Atuar indiretamente em segurança pública, por *mobilização*, implica que o Estado age para deflagrar *ações específicas* da sociedade. Tais ações da sociedade resultam em criminalidade ajustada à *zona de estabilidade* socioeconômica. As normas de Direito de Segurança Pública da atuação indireta por mobilização têm por traço característico *provocar* a adoção de certos comportamentos pela sociedade.

Políticas sociais participativas decorrem da necessidade de atuação da sociedade como forma de consolidação de cidadania, cabendo ao

---

sobretudo as doenças da pobreza, caracterizadas, por exemplo, pela mortalidade infantil; políticas de previdência, desde aquelas diretamente ligadas a acesso médico-hospitalar até aquelas voltadas para a aposentadoria ou para fundos compulsórios; políticas de transporte urbano, sobretudo o transporte de massa e o transporte para o trabalhador; políticas de urbanização, sobretudo voltadas para bairros distantes e favelas, de tal sorte que a população menos favorecida possa ter acesso a equipamentos urbanos fundamentais (ruas, esgoto, iluminação, comunicação etc.); políticas de fundos sociais, com vistas a criar fontes sistemáticas de financiamentos de programas sociais, alguns de estilo assistencial, mas sobretudo como expediente de financiamento de atividades produtivas particularmente empregadoras de mão-de-obra ou de sustentação de desempregados.

Estado o papel de instrumentador, e não de condutor, dando aos indivíduos o suporte necessário para o alcance do objetivo desejado que é ter a criminalidade controlada. No que interessa à segurança pública, o que se quer é que a própria sociedade desenvolva *mecanismos coletivos de manutenção da ordem pública* – mecanismos de controle informal das atividades criminosas –, de modo a se formar sujeitos sociais conscientes da importância da ordem pública e capazes de definir meios para que ela prevaleça, seja para conter a criminalidade dos membros da sociedade, seja para conter excessos criminosos do Estado. A melhoria da qualidade da consciência coletiva sobre segurança pública, realimenta continuamente o processo de manutenção da ordem pública e cria ambiente para a elevação do nível de estabilidade social, o que importa na redução de criminalidade.

O Estado age por meio de impulsos à sociedade e espera o desencadeamento de processos endógenos que resultem em mecanismos de controle do comportamento individual, de tal modo que os indivíduos ajam de acordo com princípios coletivos. Há eficácia coletiva[273] se acontece, a despeito de laços pessoais, o estabelecimento de laços de confiança entre os membros da comunidade, bem como o desenvolvimento de disposição para o agir voluntário em nome do bem comum,[274] especificamente a manutenção da ordem pública.

---

[273] Para Beato, "o termo eficácia coletiva pretende significar uma ênfase em opiniões compartilhadas numa comunidade, associada à capacidade de ação para conseguir o efeito pretendido, em consequência, um sentido ativo de envolvimento da parte dos residentes. O significado de eficácia é apreendido em expectativas acerca do exercício de controle, elevando o aspecto 'agêntico' da vida social acima de uma perspectiva centrada na acumulação de 'estoques' de recursos sociais (ou o que alguns chamam de 'capital social'). E sintetiza: "Assim, nível mais genérico, a eficácia coletiva refere-se à coesão social e confiança mútuos articulados em torno de expectativas para a ação coletiva. Nos centros urbanos, é esse contexto, mais do que a força de laços entre os habitantes, que contribuirá para o desenvolvimento de mecanismos de prevenção ao crime." In p. 172 de Beato, Cláudio Chaves; Peixoto, Betânia Totino. Há nada certo. Políticas sociais e crime em espaços urbanos. In: Sento-Sé, João Trajano (Org.). **Prevenção da violência: o papel das cidades**. Rio de Janeiro: Civilização Brasileira, 2005. p. 136-202.

[274] Beato afirma o seguinte: "Essa combinação de confiança mútua com aspirações voluntárias para intervir no sentido de incrementar mecanismos de controle social para alcançar o bem comum é que definirá o contexto local denominado 'eficácia coletiva' (Sampson *et alii*, 1997)." In p. 171 de Beato, Cláudio Chaves; Peixoto, Betânia Totino. Há nada certo. Políticas sociais e crime em espaços urbanos. In: Sento-Sé, João Trajano

A estratégia consiste na recomposição de elementos de desorganização social, em particular a supervisão e o controle de crianças e adolescentes, estímulos de mecanismos de controle comunitário, ações em relação a indivíduos em situação de extrema vulnerabilidade social, bem como a recomposição dos laços de confiança mútua,[275] o que pode ser realizado por políticas específicas educacionais, culturais, de defesa da cidadania, de conquista de direitos, de organização da sociedade civil, etc.

(Org.). **Prevenção da violência: o papel das cidades**. Rio de Janeiro: Civilização Brasileira, 2005. p. 136-202.

[275] P. 172 de Beato, Cláudio Chaves; Peixoto, Betânia Totino. Há nada certo. Políticas sociais e crime em espaços urbanos. In: Sento-Sé, João Trajano (Org.). **Prevenção da violência: o papel das cidades**. Rio de Janeiro: Civilização Brasileira, 2005. p. 136-202.

BIBLIOGRAFIA

A CONSTITUIÇÃO na visão dos tribunais: interpretação e julgados artigo por artigo. Brasília: Saraiva, 1998. 2v. 1650p.

ADORNO, Sérgio; Lamin, Cristiane. Medo, violência e insegurança. In: LIMA, Renato Sérgio; PAULA, Liana. **Segurança pública e violência**: o estado está cumprindo seu papel? São Paulo: Editora Contexto, 2006. p. 152-171.

ALBERGARIA, Jason. **Manual de direito penitenciário**. Rio de Janeiro: Aide Ed., 1993, 212 p.

ALFONSO, Luciano P.; DROMI, Roberto. **Seguridad pública y derecho administrativo**. Madrid: Marcial Pons, 2001. 410 p.

ALMEIDA, Amador Paes. **Manual das empresas de segurança privada**. São Paulo: Saraiva, 1997. p. 4-13.

ALMEIDA, Cynthia Ract de. Diferenças entre a ordem pública interna e a ordem pública externa. **Revista de Direito Público**, São Paulo, ano 25, n. 99, p. 284-287, jul./set. 1991.

ALMEIDA, Francis Moraes de; PEGORINI, Fernanda Vecchi. A emergência do "risco" na política criminal brasileira. **Revista de Estudos Criminais**, v. 7, n. 25, p. 183-201, abr./jun., 2007.

ANDRADE, Anderson Pereira. **Aplicação de medidas socioeducativas privativas de liberdade e direitos fundamentais**. Disponível em: <http://www.abmp.org.br/textos/2534.htm> Acesso em 17 jul. 2008.

ARIÈS, Philippe; DUBY, Georges. Fragilidade do homem sozinho. In: ___. **História da vida privada**: do Império Romano ao ano mil. São Paulo: Companhia das Letras, 1989.Vol 1, p. 420-426.

AZEVEDO, Rômulo Barbosa Vasconcelos. **Segurança pública: políticas social e educacional**. Fórum Brasileiro de Segurança Pública. Disponível em: <http://www.forumseguranca.org.br/artigos/seguranca-publica-politicas--social-e-educacional>. Acesso em: 22 jul. 2008.

BARATTA, Alessandro. La política criminal y el derecho penal de la constitución: nuevas reflexiones sobre el modelo integrado de las ciencias penales. **Revista Brasileira de Ciências Criminais**, São Peulo, v. 8, n. 29, p. 27-52, jan./mar. 2000.

Barreira, César. Em nome da lei e da ordem: a propósito da política de segurança pública. **São Paulo em Perspectiva**. São Paulo, v. 18, n. 1, p. 77-86, 2004.

Bayley, David. Law enforcement and the rule of law: is there a tradeoff? In: Rodrigues, Corinne Davis. **Lei e controle social**. Belo Horizonte: CRISP, 2006.

Beato Filho, Cláudio C. Políticas públicas de segurança e a questão policial. **São Paulo em Perspectiva**. São Paulo, v. 13, n. 4, 1999.

Beato Filho, Cláudio C. Políticas públicas de segurança: equidade, eficiência e accountability. Disponível em <http://www.crisp.ufmg.br/polpub.pdf>. Acesso: 25 jul 2007.

Beato Filho, Cláudio C.; Peixoto, Betânia Totino. Há nada certo: políticas sociais e crime em espaços urbanos. In: SENTO-SÉ, João Trajano (Org.). **Prevenção da violência**: o papel das cidades. Rio de Janeiro: Civilização Brasileira, 2005. p. 163-202.

Belloni, Isaura; Magalhães, Heitor de; Sousa, Luzia Costa de. **Metodologia de avaliação em políticas públicas**: uma experiência em educação profissional. 4.ed. São Paulo: Cortez, 2007. 96 p. (Coleção Questões de Nossa Época, v.75).

Belloso, Miguel José Izu. Los conceptos de orden público y seguridad ciudadana tras la Constitución de 1978. **Revista Española de Derecho Administrativo**. n. 58. abr-jun, 1988.

Bengochea, Jorge Luiz Paz et al. A transição de uma polícia de controle para uma polícia cidadã. **São Paulo em Perspectiva**. v. 18, n. 1, 2004. Disponível em <http://www.seade.gov.br/produtos/spp/v18n01/v18n1_14.pdf>. Acesso: 7 jul. 2007.

Behring, Elaine Rossetti. **Fundamentos de política social**. Disponível em: http://www.fnepas.org.br/pdf/servico social saude/texto1-1.pdf. Acesso em 17 jul. 2008.

Braga, Romulo Remo Palitot. Considerações e reflexões sobre direito penal e política criminal. **Revista da Ajuris: doutrina e jurisprudência**, Porto Alegre, v. 31, n. 96, p. 313-320, dez. 2004.

Brasil. **Constituição da República Federativa do Brasil de 1988**: promulgada em 5 de outubro de 1988. São Paulo: Saraiva, 2004. 388 p.

Brasil. Decreto nº 88.777, de 30 de setembro de 1983. Aprova o regulamento para as polícias militares e corpos de bombeiros militares (R-200). **Subsecretaria de Informações do Senado Federal**. Disponível em: <http://www6.senado.gov.br/sicon/ListaReferencias.action?codigoBase=2&codigoDcocumento=128366>. Acesso em: 1º nov. 2007.

Brasil. Ministério da Justiça. **Segurança privada**. Brasília, [200-]. Disponível em <http://www.mj.gov.br/data/Pages>. Acesso em: 22 abr. 2008.

BRASIL. Supremo Tribunal Federal. Apelação Cível n. 7.644. Relator: Ministro Aníbal Freire. Distrito Federal, 19 de julho de 1943. **Revista Forense**. Rio de Janeiro, v. 97, p. 369-371, fev. 1944.

BRASIL. Supremo Tribunal Federal. Recurso Extraordinário n. 14.658-SP. Relator: Ministro Luiz Galloti. Diário do Judiciário da União, 03 de julho de 1950. **Revista dos Tribunais**. São Paulo, v. 219, p. 581, jan. 1954.

BRASIL. Supremo Tribunal Federal. Sentença Estrangeira n. 1.023, da Suíça. Relator: Ministro Orozimbo Nonato. Rio de Janeiro, 30 de setembro de 1942. **Revista dos Tribunais**. São Paulo, v. 148, p. 771-776, mar. 1944.

BRASIL. Tribunal de Apelação do Estado de São Paulo. Apelação n. 5.019. Apelante: João Antônio Nogueira e outro. Relator: Mario Guimarães. São Paulo, 13 de março de 1939. **Revista dos Tribunais**. São Paulo, v. 119, p. 692-696, mai. 1939.

BUCCI, Maria Paula Dallari. Buscando um conceito de políticas públicas para a concretização de direitos humanos. Disponível em <http://www.dhnet.org.br/direitos/textos/politicapublica/mariadallari.htm>. Acesso: 26 jul. 2007.

BUCCI, Maria Paula Dallari. Políticas públicas e direito administrativo. **Direito administrativo e políticas públicas**. São Paulo: Saraiva, 2002. p. 241-278.

BURKE, Peter. Violência urbana e civilização. In: OLIVEIRA, Nilson Vieira(Org.). **Insegurança Pública**:reflexões sobre a criminalidade e a violência urbana. São Paulo: Nova Alexandria, 2002. p. 32-50.

CALIXTO, Negi. **Ordem Pública**: Exceção à eficácia do direito estrangeiro. Curitiba: Universidade Federal do Paraná, 1987. 75 p.

CÂMARA DOS VEREADORES DO RIO DE JANEIRO. **Audiência pública de 13 de dezembro de 2003**. Disponível em:
<http://www.camara.rj.gov.br/vereador/comissoes/cdca/audpub/20031215AP.htm>. Acesso em 17 jul. 2008.

CÂMARA, Paulo Sette. Defesa social e segurança pública. In: LEAL, César Barros; PIEDADE JÚNIOR, Heitor (coord.). **A violência multifacetada**: estudos sobre a violência e a segurança pública. Belo Horizonte: Del Rey, 2003. p. 343-359.

CÂMARA, Paulo Sette. **O desafio**. Belém, 2007. Disponível em: http://www.forumsegurança.org.br/artigos/o-desafio. Acesso em 1° abr. 2008.

CÂMARA, Paulo Sette. **Reflexões sobre segurança pública**. Belém: Imprensa Oficial do Estado do Pará, 2002. 250p.

CAMPELLO, Mauro. **A necessidade de uma ação de execução de medida sócio-educativa**. Disponível em:
< http://www.abmp.org.br/textos/2532.htm>. Acesso em 17 jul. 2008.

CAPITANT, Henri (Coord.) **Vocabulaire juridique**. Paris: Les Press Universitaires de France, 1936.

CARDINI, Eugenio Osvaldo. **Orden publico**. Buenos Aires: Abeledo-Perrot, 1959. 102p.

CARREÑO, Pedro M. **Apuntes sobre derecho administrativo**. Bogotá: Cromos, 1934.

CARVALHO, Kildare Carvalho. **Direito constitucional**: teoria do estado e da constituição. Belo Horizonte: Del Rey, 2004. 812p.

CASTEL, Robert. **A insegurança social**: o que é ser protegido? Petrópolis: Vozes, 2005. 95p.

CASTRO, Lolita Aniyar de. La criminologia hoy: política criminal como síntesis de la criminología. **Revista Brasileira de Ciências Criminais**, São Paulo, v. 8, n. 32, p. 252-268, out./dez., 2000.

CENZANO, José Carlos B. **El orden público como límite al ejercicio de los derechos y libertades**. Madrid: Centro de Estudios Políticos Y Constitucionales, 2002. 455p.

CONDE, Francisco Muñoz. La relación entre sistema del derecho penal y política criminal: historia de una relación atormentada. **Revista de Estudos Criminais**, Porto Alegre, v. 7, n. 27, p. 9-41, out./dez. 2007.

CORREA, Alfredo Quispe. El orden interno, el orden jurídico y el orden público. **Ius et Praxis**, Lima, n. 7, p. 69-78, jul. 1986.

CRETELLA JÚNIOR, José. **Comentários à Constituição brasileira de 1988**. 2.ed. Rio de Janeiro: Forense Universitária, 1988. v.6, p. 3408-3426.

CRETELLA JÚNIOR, José. **Dicionário de direito administrativo**. 4.ed. Rio de Janeiro: Forense, 1998.

CRETELLA JÚNIOR, José. (Coord.). **Direito administrativo da ordem pública**. 3 ed. Rio de Janeiro: Forense, 1998. 139p.

CUDOLÀ, Vicenç Aguado. **Derecho de la seguridad pública y privada**. Cizur Menor: Aranzadi, 2007. 233p.

CUNHA, Djason B. Della. Política criminal e segurança pública: estratégias globais de controle do fenômeno criminal. **Revista do Conselho Nacional de Política Criminal e Penitenciária**, Brasília, v. 1, n. 15, p. 29-46, jan./jun., 2001.

DAL BOSCO, Maria Goretti. **Discricionariedade em políticas públicas**: um olhar garantista da aplicação da lei de improbidade administrativa. Curitiba: Juruá Editora, 2007. 479p.

DANTAS, Ivo. **Da defesa do estado e das instituições democráticas na nova Constituição**. Rio de Janeiro: Aide Ed., 1989. 176p.

DAVID JÚNIOR, Olavo. Histórico do direito penitenciário e a conseqüente evolução da pena de prisão. **Revista de Ciências Jurídicas e Sociais da UNIPAR**. Toledo, v. 4, n. 1, p.147-177, jan./jun. 2001.

D'AVILA, Fabio Roberto. O espaço do direito penal no século XXI. Sobre os limites normativos da política criminal. **Revista Brasileira de Ciências Criminais**, São Paulo, v. 15, n. 64, p. 78-98, jan./fev., 2007.

DELGADO, José Augusto. A ordem pública como fator de segurança. **Revista Jurídica Lemi**, Belo Horizonte, v. 193, p. 11-24, dez. 1983.

Delmas-Marty, Mireille. **Os grandes sistemas de política criminal**. Barueri: Manole, 2004. 562p.

Demo, Pedro. **Política social, educação e cidadania**. 10 ed. Campinas: Papirus, 1994.124 p.

Deomain, Pedro Roberto. **Ato infracional cometido por adolescente – remissão e medida sócio-educativa: aplicação pelo ministério público? Uma proposta de interpretação**. Disponível em: <http://www.abmp.org.br/textos/2.htm> Acesso em 17 jul. 2008.

Dimoulis, Dimitri. Da "política criminal" à política da igualdade. **Revista Brasileira de Ciências Criminais**, São Paulo, v. 8, n. 29, p. 209-231, jan./mar., 2000.

Di Pietro, Maria Sylvia Zanella. **Direito administrativo**. 12 ed. São Paulo: Atlas, 2000.

Duarte, Clenício da Silva. Mandado de segurança, suspensão de medida liminar, ordem pública. **Revista de Direito Administrativo**, Rio de Janeiro, v. 129, p.289-291, jul./set. 1977.

Durkheim, Emile. Regras relativas à distinção entre normal e patológico. In: **As regras do método sociológico**. São Paulo: Companhia Editora Nacional, 1960. p. 45-73.

Dworkin, Ronald. **Levando os direitos a sério**. São Paulo: Martins Fontes, 2007. 568p.

Elvira, Ascensión. Libertad de circulación y orden público en España. **Revista para el Análisis del Derecho**. Disponível em: <http://www.indret.com/pdf/525_es.pdf> acesso em 25.11.2008.

Esteves, João Pissarra. Público/privado. In: **Dicionário de filosofia moral e política**. Lisboa: Universidade Nova de Lisboa. Disponível em: <http://www.ifl.pt/main/Portals/0/dic/publico_privado.pdf>. Acesso em 13 jan. 2009.

Fagundes, Miguel Seabra. Instrumentos excepcionais de preservação da ordem pública e das instituições. **Revista da OAB-RJ**, Rio de Janeiro, v. 4, p. 107-112, 2º quadrimestre 1978.

Faleiros, Vicente de Paula. **O que é política social**. 5 ed. São Paulo: Brasiliense, 2007. 84 p.

Falla, Fernando Garrido. **Tratado de derecho administrativo**. 3.ed. Madrid: Instituto de Estúdios Políticos, 1966. v.2.

Fernández-Valmayor, José Luis Carro. Sobre los conceptos de orden público, seguridad ciudadana y seguridad pública. **Revista Vasca de Administración Pública**, La Rioja, n. 27, p. 9-26, 1990.

Ferrari, Eduardo Reale; Paschoal, Janaína c. Ficcção x realidade: um pequeno ensaio sobre a otimização de políticas públicas de segurança. In: Leal, César Barros; Piedade Júnior, Heitor (coord.). **A violência multifacetada**:

estudos sobre a violência e a segurança pública. Belo Horizonte: Del Rey, 2003. p. 149-155.

FERREIRA, Aurélio Buarque de Holanda. **Novo dicionário da língua portuguesa**. 1ª Ed. Rio de Janeiro: Nova Fronteira, 1975. 1499p.

FIGUEIREDO, Frederico. Política criminal populista: para uma crítica do direito penal instrumental. **Revista Brasileira de Ciências Criminais**, São Paulo, v. 16, n. 70, p. 100-132, jan./fev. 2008.

FLEINER, Fritz. **Instituciones de derecho administrativo**. Barcelona: Editorial Labor, 1933.

FREY, Klaus. Políticas públicas: um debate conceitual e reflexões referentes à prática da análise de políticas públicas no Brasil. **Planejamento e Políticas Públicas**, nº 21, jun. 2000, p. 211– 259. Disponível em <http://www.ipea.gov.br/pub/ppp/ppp21/Parte5.pdf> Acesso em 22.05.2009.

GASPARINI, Diógenes. Responsabilidade do Poder Público Municipal na segurança pública em face da revisão da Constituição Federal. **Revista de Informação Legislativa**, Brasília, ano 30, n. 117, p. 57-66, jan./mar. 1993.

GOMES, Luiz Flávio. Medidas emergenciais contra a violência no Brasil. In: LEAL, César Barros; PIEDADE JÚNIOR, Heitor. **A violência multifacetada**: estudos sobre a violência e a segurança pública. Belo Horizonte: Del Rey, 2003. p. 295-306.

GRANDON, Arturo. **El concepto de seguridad ciudadana**. Disponível em <http://www.vozalmundo.com/index.php?id=4399> Acesso em 12 nov. 2008.

GRAU, Eros Roberto. **Elementos de direito econômico**. São Paulo: Revista dos Tribunais, 1981. 143p.

GRAU, Eros Roberto. **A ordem econômica na Constituição de 1988**. 11 ed. São Paulo: Malheiros Editores, 2006.391 p.

HUNTINGTON, Samuel P. **A ordem política nas sociedades em mudança**. Rio de Janeiro: Forense-Universitária, 1975. 496p.

JESUS, Damásio Evangelista. Segurança pública: diagnóstico e prevenção. O panorama da criminalidade a partir da realidade da cidade de São Paulo. In: LEAL, César Barros; PIEDADE JÚNIOR, Heitor (coord.). **A violência multifacetada**: estudos sobre a violência e a segurança pública. Belo Horizonte: Del Rey, 2003. p. 41-80.

KAHN, Tulio. Dos efeitos da quantidade de policiais sobre as taxas de criminalidade. In.___. **Velha e nova polícia**: polícia e políticas de segurança pública no Brasil atual. São Paulo: Sicurezza, 2002. p. 41-53.

KAHN, Tulio. Panorama da criminalidade nos estados: uma tentativa de classificação e interpretação. In.___. **Velha e nova polícia**: polícia e políticas de segurança pública no Brasil atual. São Paulo: Sicurezza, 2002. p. 55-71.

KANT DE LIMA, Roberto. Polícia, justiça e sociedade no Brasil: uma abordagem comparativa dos modelos de administração de conflitos no espaço público. **Revista de Sociologia e Política**, Curitiba, n. 13, p. 23-38, nov. 1999.

KARPEN, Ulrich. **Democracia e Estado de Direito**. Rio de Janeiro: Fundação Konrad-Adenauer-Stiftung, 1993. Série Papers, n.6.

LAZZARINI, Álvaro. A ordem constitucional de 1988 e a ordem pública. **Revista de Informação Legislativa**, Brasília, ano 29, n. 115, p. 275-294, jul./set. 1992.

LAZZARINI, Álvaro. Limites do poder de polícia. **Revista de Direito Administrativo**, Rio de Janeiro, v. 198, p. 69-83,out./dez. 1994.

LEAL, César Barros. Delinqüência urbana e segurança pública: Brasil e México. In: LEAL, César Barros; PIEDADE JÚNIOR, Heitor (Coord.). **A violência multifacetada**: estudos sobre a violência e a segurança pública.

LEÃO, Nilzardo Carneiro. Política penitenciária nacional. **Revista da Faculdade de direito de Olinda**, Olinda, v. 3, n. 4, p. 5-29, jan./jun. 1999.

LÉVY, René. A crise do sistema policial francês hoje: da inserção local aos riscos europeus. **Tempo Social: Revista de Sociologia da USP**. São Paulo, v. 9, n. 1, p. 53-77, mai. 1997.

LOUREIRO, Ythalo Frota. **O papel do Ministério Público na gestão democrática da segurança pública**. Disponível em: http://www.acmp-ce.org.br/docs/TESE_YTHALO.pdf>. Acesso em: 1° abr. 2008.

MACAULAY, Fiona. Prisões e política carcerária. In: LIMA, Renato Sérgio; PAULA, Liana (Org). **Segurança pública e violência**: o estado está cumprindo seu papel? São Paulo: Contexto, 2006. p. 15-29.

MAIOR NETO, Olympio de Sá Souto. **Ato infracional, medidas sócio-educativas e o papel do sistema de justiça na disciplina escolar**. Disponível em: < http://www.abmp.org.br/textos/275.htm>. Acesso em 17 jul. 2008.

MANDEVILLE, Lucien; LOUBET DEL BAYLE, Jean-louis; PICARD, Alain. As forças de manutenção da ordem na França. **A Defesa Nacional**, Rio de Janeiro, ano 65, n. 679, p. 153-167, set./out. 1978.

MARTINS, Ives Gandra da Silva. Proibição legal para que empresas privadas especializadas em segurança, serviços de vigilância e de transporte de valores sejam constituídas por estrangeiros: constitucionalidade da vedação. **Revista de Direito Privado**. São Paulo, v. 2, n.5, p. 231-242, jan./mar. 2001.

MATHIAS, Suzeley Kalil. A segurança privada em São Paulo. **São Paulo em Perspectiva**, São Paulo, v. 4, n. 1, p. 97-99, jan./mar. 1990.

MATOS, Luís Salgado. Segurança. In: **Dicionário de filosofia moral e política**. Lisboa: Universidade Nova de Lisboa. Disponível em: <http://www.ifl.pt/main/Portals/0/dic/seguranca.pdf>. Acesso em 13 jan. 2009.

MAURIEL, Ana Paula Ornellas. Combate à pobreza e (des)proteção social: dilemas teóricos das "novas" políticas sociais. **Praia Vermelha – Estudos de Política e Teoria Social**, Rio de Janeiro, n. 14, p. 48-71, 1° sem. 2006.

MCNEIL, Willian H. As gangues de rua são uma antiga herança da civilização. In: OLIVEIRA, Nilson Vieira (Org.). **Insegurança Pública**: reflexões sobre a criminalidade e a violência urbana. São Paulo: Nova Alexandria, 2002. p. 11-31.

MELLO, Celso Antônio Bandeira de. **Curso de direito administrativo**. 9 ed. Local: Malheiros Editores, ano.

MELLO, Rui César. O papel da polícia militar na segurança pública e as garantias fundamentais do indivíduo. In: MORAES, Bismael B. **Segurança pública e direitos individuais**. São Paulo: Editora Juarez de Oliveira, 2000, p. 23-35.

MENEGALE, J. Guimarães. **Direito administrativo e ciência da administração**. 3.ed. Rio de Janeiro: Borsoi, 1957.

MENEZES, Sandra da Silva. **As políticas sociais na segurança pública**. Fórum Brasileiro de Segurança Pública. Disponível em: <http://www.forumseguranca.org.br/artigos/as-politicas-sociais-na-seguranca-publica>. Acesso em 22 jul. 2008.

MERKL, Adolfo. **Teoria general del derecho administrativo**. Madrid: Editorial Revista de Derecho Privado, 1935.

MESQUITA NETO, Paulo. Crime, violê,ncia e incerteza política no Brasil. In: MESQUITA NETO, Paulo et al. **A violência do cotidiano**. Rio de Janeiro: Fundação Konrad Adenauer, Série Cadernos Adenauer, ano 2, n. 1, p. 9-42, 2001.

MESQUITA NETO, Paulo. Fazendo e medindo progresso em segurança pública. **Praia Vermelha – Estudos de Política e Teoria Social**, Rio de Janeiro, n. 15, p. 184-196, 2° sem. 2006.

MILL, John Stuart. **A liberdade utilitarismo**. São Paulo: Martins Fontes, 2000. 277p.

MINISTÉRIO PÚBLICO ESTADUAL DE SANTA CATARINA. **Plano geral de atuação 2004-2005**. Disponível em: < http://www.mp.sc.gov.br/portal/site/portal/portal_detalhe.asp?campo=2193>. Acesso em 17 jul. 2008.

MIOTTO, Armida Bergamini. **Curso de direito penitenciário**. São Paulo: Saraiva, 1975. v. 1, p. 3-42.

MIOTTO, Armida Bergamini. **Curso de direito penitenciário**. São Paulo: Saraiva, 1975. v. 2, p. 775-794.

MIRABETE, Julio Fabbrini. **Execução penal**: comentários à lei nº 7.210, de 11-7-1984. 10 ed. São Paulo: Atlas, 2002. p. 17-26.

MIRABETE, Julio Fabbrini. **Processo Penal**. 16 ed. São Paulo: Atlas, 2004. 849 p.

MIRANDA, Pontes de. **Comentários á Constituição de 1967**. São Paulo: Revista dos Tribunais, 1967. v.1, p. 124-126.

MORAES, Bismael B. Uma introdução à segurança pública e à polícia brasileira na atualidade. In: ___. **Segurança pública e direitos individuais**. São Paulo: Editora Juarez de Oliveira, 2000. p. 1-22.

MOREIRA NETO, Diogo de Figueiredo. A segurança pública na Constituição. **Revista de Informação Legislativa**, Brasília, a. 28, n. 109, p. 137-148, jan./mar. 1991.

MOREIRA NETO, Diogo de Figueiredo. Direito administrativo da segurança pública. In: CRETELLA JÚNIOR, José (Coord.). **Direito administrativo da ordem pública**. 3ª ed. Rio de Janeiro: Forense, 1998. p. 65-86.

MOREIRA NETO, Diogo de Figueiredo. Revisão doutrinária dos conceitos de ordem pública e segurança pública. **Revista de Informação Legislativa**, Brasília, a. 25, n. 97, p. 133-154, jan./mar. 1988.

NEDER, Gizlene; CERQUEIRA FILHO, Gisálio. Da ordem pública à segurança pública: aspectos ideológicos das estratégias de controle social no Brasil. **Revista de Estudos Criminais**, Porto Alegre, v. 5, n. 20, p. 93-107, out./dez., 2005.

NOGUEIRA JÚNIOR, Alberto. **Segurança nacional, pública, nuclear e o direito à informação**. Rio de Janeiro: Univercidade Ed., 2006. 238p.

NUNES, Carlos Mauritonio. **Vigilância patrimonial privada**: comentários à legislação. São Paulo: LTR Editora, 1996. p. 47-56.

OCQUETEAU, Frederic. A expansão da segurança privada na França: privatização submissa de ação policial ou melhor gestão da segurança coletiva. **Tempo Social: Revista de Sociologia da USP**, São Paulo, v. 9, n. 1, p. 185-195, mai. 1997.

OLIVEIRA, Ana Sofia S. "Políticas de segurança e políticas de segurança pública: da teoria a prática", *in*: **Gabinete de Segurança Institucional**. *Das políticas de segurança pública às políticas públicas de segurança*, São Paulo, 2002, ILANUD: p. 43-62. Disponível em http://www.observatoriodeseguranca.org/files/livroprevdocrime%20ILANUD.pdf> Acesso em 23.06.2009.

PACHECO, José da Silva. Da ordem pública. **Revista da Academia Brasileira de Letras Jurídicas**, Rio de Janeiro, ano 9, n. 7, p. 117-125, 1º sem. 1995.

PAIVA, Afonso Duarte. Custos da segurança privada. **Conjuntura Econômica**, Rio de Janeiro, v. 49, n. 7, p. 41-43, jul. 1995.

PAIXÃO, Antônio Luiz. Segurança privada, direitos humanos e democracia: notas preliminares sobre os novos dilemas políticos. **Novos Estudos Cebrap**. São Paulo, n. 31, p. 131-141, out. 1991.

PALMIERI, Gustavo. Políticas democráticas para a segurança cidadã. In: ___. **Segurança cidadã e polícia na democracia**. Rio de Janeiro: Fundação Konrad-Adenauer-Stiftung, 2003. p. 11-26.

PAZ, Miguel A. Núñez. Dogmática penal y política criminal frente a la reforma penal. **Revista Brasileira de Ciências Penais**, São Paulo, v. 14, n. 61, p. 9-43, jul./ago. 2006.

PIRES, Ariosvaldo de Campos; SALES, Sheila Jorge Selim de. Alguns movimentos político-criminais da atualidade. **Revista Brasileira de Ciências Criminais**, São Paulo, v. 11, n. 42, p. 295-306, jan./mar., 2003.

PIRES, Maria Coeli Simões. **Direito adquirido e ordem pública**: segurança jurídica e transformação democrática. Belo Horizonte: Del Rey, 2005. 1016p.

PIRES, Sebastião D. Batista. A ordem pública no direito internacional privado. **Revista Jurídica Consulex**, Brasília, ano 9, n. 210, p. 55-59, out. 2005.

RICO, Elizabeth Melo (Org.). **Avaliação de políticas sociais**: uma questão em debate. 5.ed. São Paulo: Cortez, 2007. 155p.

RIVERO, Jean. **Direito Administrativo**. Coimbra: Almedina, 1981.

RIVERO, Jean. **Droit administratif**. Paris: Dalloz, 1965.

RIVERO. Jean; MOUTOUH, Hugues. **Liberdades públicas**. São Paulo: Martins Fontes, 2006. 680 p.

ROCHA, Fernando A. N. Galvão da. **Política Criminal**. 2. ed. Belo Horizonte: Mandamentos, 2002. 168p.

RODRIGUES, Anabela Miranda. Criminalidade organizada: que política criminal?. **Revista Brasileira de Direito Comparado**, n. 24, p. 103-126, 2003.

RODRÍGUEZ, Laura Zúñiga. **Política criminal**. Madrid: Editorial Colex, 2001. 295 p.

ROLIM, Marcos. **A síndrome da rainha vermelha**: policiamento e segurança pública no século XXI. Rio de Janeiro: Jorge Zahar Ed., 2006. 311p.

ROSA, Antônio José Miguel Feu. Política criminal. **Ciência Jurídica**, v. 12, n. 75, p. 432-439, mai./jun., 1997.

ROSA, Paulo Tadeu Rodrigues. Forças policiais e ordem pública. **Revista Síntese de Direito Penal e Processual Penal**, São Paulo, ano 4, n. 24, p. 156-159, fev./mar. 2004.

SANTIN, Valter Foleto. **Controle judicial da segurança pública**: eficiência do serviço na prevenção e repressão ao crime. São Paulo: Ed. Revista dos Tribunais, 2004. 286p.

SANTOS, Altamiro J. dos. **Direito de segurança pública e legítima defesa social**. São Paulo: LTr, 2006. 312p.

SANTOS, José Vicente Tavares. Violências e dilemas do controle social nas sociedades da "modernidade tardia". **São Paulo em Perspectiva**, São Paulo, v. 18, n. 1, p. 3-12, 2004.

SANTOS JUNIOR, Rosivaldo Toscano dos. As duas faces da política criminal contemporânea. **Revista dos Tribunais**, São Paulo, v. 87, n. 750, p. 461-471, abr., 1998.

SAPORI, Luís Flávio. **Segurança pública no Brasil**: desafios e perspectivas. Rio de Janeiro: Fundação Getúlio Vargas, 2007. 207p.

SCHWARTZMAN, Simon. **Conclusão: políticas sociais e política da pobreza**. Rio de Janeiro: Fundação Getúlio Vargas, 2004. Disponível em http://www.schwartzman.org.br/simon/causasp_files/causasp8.htm Acesso em 17 jul. 2008.

SILVA, De Plácido e. **Vocabulário jurídico**. 16. ed. Rio de Janeiro: Forense, 1999.

SILVA, Hélio. **As Constituições do Brasil**. Rio de Janeiro: Rede Globo, 1985. 325p.

SILVA, Jorge da. **Controle da criminalidade e segurança pública na nova ordem constitucional**. 2 ed. Rio de Janeiro: Forense, 2003. 230p.

Silva, Jorge da. **Segurança pública e polícia**: criminologia crítica aplicada. Rio de Janeiro: Forense, 2003. 380p.

Silva, José Afonso da. **Curso de direito constitucional positivo**. 15 ed. São Paulo: Malheiros, 1998. 863 p.

Soares, Luiz Eduardo. Insegurança e inépcia. **Revista Primeira Leitura**, São Paulo, n. 28, p. 92-97, jun. 2004.

Soares, Luiz Eduardo. Novas políticas de segurança pública. **Estudos Avançados**. v. 17, n. 47, 2003. Disponível em <http://jus2.uol.com.br/doutrina/texto.asp?id=4096 >. Acesso: 16 set 2008.

Soares, Luiz Eduardo. Segurança pública: presente e futuro. **Estudos Avançados**. v. 20, n. 56, 2006. Disponível em: <http://www.scielo.br/scielo.php?script=sci_arttext&pid=S0103-40142006000100008 >. Acesso: 23 dez 2008.

Soares, Orlando. **Comentários à Constituição da República Federativa do Brasil**. 9 ed. Rio de Janeiro: Forense, 1998. 688p.

Soibelman, Leib. **Enciclopédia do advogado**. 3.ed. Rio de Janeiro: Editora Rio, 1981. 520p.

Soriano, Ramon. La paz y la Constitucion española de 1978. **Revista de Estudios Politicos (nueva epoca)**, Madrid, n. 45, p. 93-123, mai./jun. 1985.

Souza, Luís Antônio Francisco de. Polícia, direito e poder de polícia. A polícia brasileira entre a ordem pública e a lei. **Revista Brasileira de Ciências Criminais**. São Paulo: Revista dos Tribunais, ano 11, n. 43, p. 295-321, abr./jun. 2003.

Souza, Robson Sávio Reis. O aumento da criminalidade e as deficiências das políticas de defesa da cidadania. **Revista Brasileira de Ciências Criminais**, São Paulo, v. 13, n. 56, p. 358-382, set./out., 2005.

Souza, Washington Peluso Albino de. **Primeiras linhas de direito econômico**. São Paulo: LTr, 2005. 603p.

Sulocki, Victoria-Amália de Barros C. G. **Segurança Pública e Democracia**: aspectos constitucionais das políticas públicas de segurança. Rio de Janeiro: Lúmen Júris, 2007. 206p.

Thompson, Augusto. **A questão penitenciária**. 4 ed. Rio de Janeiro: Forense, 1998. p. 1-18.

Urso. Luíz Flávio Borges D'. Proposta de uma nova política criminal e penitenciária para o Brasil. **Revista do Conselho da Justiça Federal**, Brasília, v. 2, n. 6, p. 130-135, set./dez. 1998.

Vieira, Oscar Vilhena. Estado de Direito, seus limites e a criminalidade. In: Mesquita Neto, Paulo et al. **A violência do cotidiano**. Rio de Janeiro: Fundação Konrad Adenauer, Série Cadernos Adenauer, ano 2, n. 1, p. 75-92, 2001.

Xavier, Laécio Noronha. Políticas públicas de segurança urbana. **Diário do Nordeste**. Disponível em:

<http://diariodonordeste.globo.com/materia.asp?codigo=407829>. Acesso em 22 jul. 2008.

ZANOBINI, Guido. **Corso di diritto ammnistrativo**. Milão: Dott. A. Giuffrè, 1952. v.5.

WALINE. M. **Droit administratif**. 8.ed. Paris: Sirey, 1959.

ÍNDICE

Edições Loyola

impressão acabamento

rua 1822 nº 341
04216-000 são paulo sp
T 55 11 3385 8500
F 55 11 2063 4275
www.loyola.com.br